SOBRE A VERDADE

GEORGE ORWELL
SOBRE A VERDADE

Tradução
Claudio Alves Marcondes

1ª reimpressão

COMPANHIA DAS LETRAS

Copyright © The Estate of the late Sonia Browell Orwell

Grafia atualizada segundo o Acordo Ortográfico da Língua Portuguesa de 1990, que entrou em vigor no Brasil em 2009.

Título original Orwell on Truth
Capa Kiko Farkas e Felipe Sabatini / Máquina Estúdio
Preparação Julia Passos
Revisão Isabel Cury e Márcia Moura

Este volume foi compilado por David Milner, com base em *The Complete Works of George Orwell*, organizado por Peter Davison (Londres: Secker & Warburg, 1998).

O texto citado à página 139 foi extraído de "Publication of *Animal Farm*: 'The Freedom of the Press'" (Londres, 17 de agosto de 1945; Nova York, 26 de agosto de 1946).

Dados Internacionais de Catalogação na Publicação (CIP)
(Câmara Brasileira do Livro, SP, Brasil)

Orwell, George, 1903-1950
Sobre a verdade / George Orwell ; tradução Claudio Alves Marcondes. — 1ª ed. — São Paulo : Companhia das Letras, 2020.
Título original : Orwell on Truth.
ISBN 978-85-359-3357-4

1. Orwell, George, 1903-1950 2. Verdade I. Título.

20-36242   CDD-824

Índice para catálogo sistemático:
1. Ensaios : Literatura inglesa 824
Cibele Maria Dias – Bibliotecária – CRB-8/9427

[2020]
Todos os direitos desta edição reservados à
EDITORA SCHWARCZ S.A.
Rua Bandeira Paulista, 702, cj. 32
04532-002 — São Paulo — SP
Telefone: (11) 3707-3500
www.companhiadasletras.com.br
www.blogdacompanhia.com.br
facebook.com/companhiadasletras
instagram.com/companhiadasletras
twitter.com/cialetras

SOBRE A VERDADE

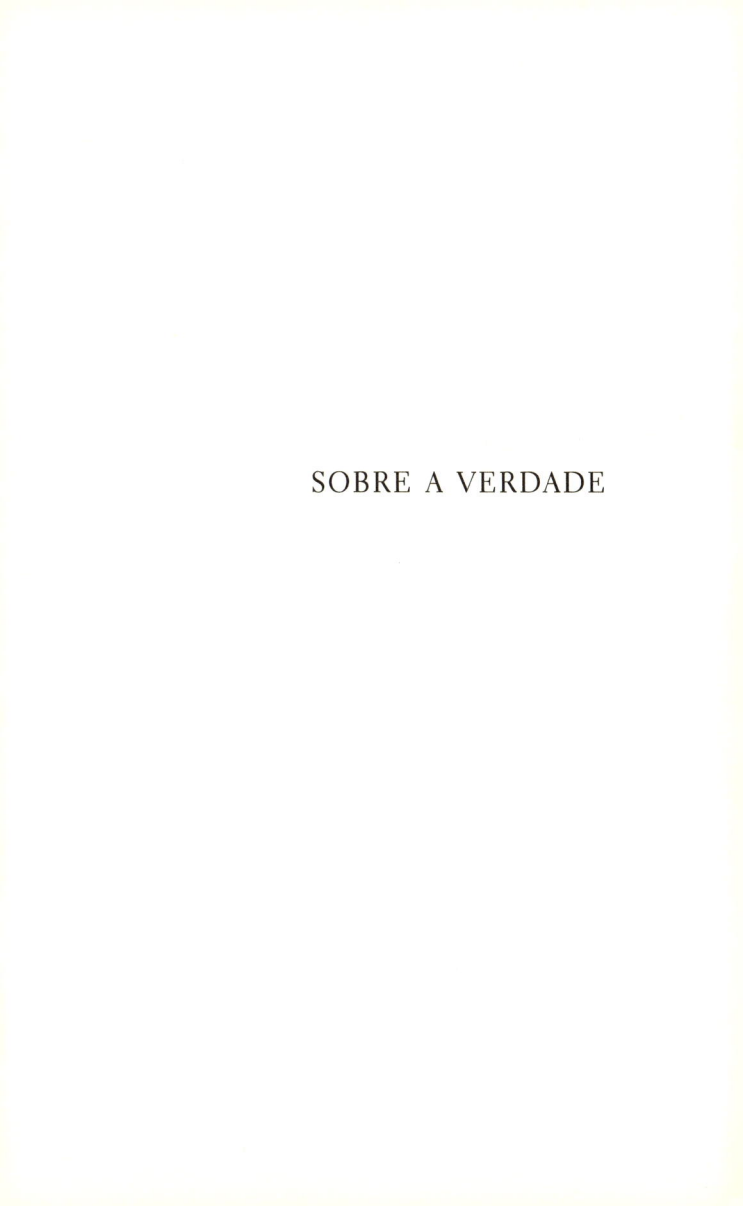

Introdução

Alan Johnson

Embora George Orwell tenha morrido quatro meses antes de eu nascer, sempre achei seus textos atuais, influindo em minhas posições políticas mais que os de qualquer outro escritor ou até mesmo qualquer outro político. Sua intenção explícita era "mover o mundo em certa direção, modificar a ideia que as pessoas têm sobre o tipo de sociedade que deveriam almejar". No que me diz respeito, ele certamente foi bem-sucedido. E desconfio que poucos autores moldaram as concepções de seus leitores na mesma medida em que Orwell o fez.

George Orwell entrou na minha vida em 1964, quando eu estava no quarto ano do ensino fundamental, na Sloane Grammar School. O professor de inglês, o sr. Carlen, decidiu que todos nós, da classe 4Y, leríamos juntos *A revolução dos bichos*. Ainda que eu fosse um bom leitor, devorando tudo o que caía em minhas mãos, nunca tinha ouvido falar de Orwell. Então, nós, meninos domados pela autoridade natural do sr. Carlen, nos revezamos para ler em voz alta o único exemplar, que passava de uma carteira de madeira a outra. *A revolução dos bichos* exerceu sobre mim um fascínio do qual nunca me livrei. Ainda que fosse uma leitura cativante sobre animais que assumem o controle de uma granja, duvido que teríamos reparado no subtexto sem as explicações do sr. Carlen. Com isso, ele não só revelou a engenhosidade do livro, como proporcionou aos meninos da 4Y uma perspectiva do mundo adulto em que estávamos crescendo: um mundo no qual nada menos que um terço da população vivia sob o comunismo. Outro jovem professor da Sloane, o sr. Pallai, havia escapado da Hungria quando os tanques russos entraram no país. Ele nos ensinava história e economia, ocasionalmente divagando sobre a perversidade do regime de partido único. Dois anos antes de a minha classe ler *A revolução dos bichos*, a Crise dos Mísseis em Cuba havia ameaçado a nossa sobrevivência, com os Estados Unidos e a União Soviética considerando a possibilidade de uma destruição nuclear mútua. Publicada quase duas décadas antes de sermos apresentados a ela pelo sr. Carlin, a alegoria de A *revolução dos bichos* continuava relevante. A obra de Orwell trazia clareza e ajudava a entender os tempos sombrios e perigosos em que vivíamos.

Quanto mais lia daquele autor, mais eu me impressionava com a honestidade brutal que ele se impunha ao escrever. Sem lançar mão da virtude espúria da coerência, como faz a maioria de nós, as concepções que sustentou na juventude eram bem diversas daquelas que adotou ao chegar à maturidade. Ele era um pensador político que jamais teve medo de adaptar suas ideias às novas circunstâncias, em vez de tentar submeter tais desenvolvimentos à rigidez de seu pensamento. Autoproclamado anarquista conservador quando jovem, mais tarde se associou ao Partido Trabalhista Independente, que estava à esquerda do Partido Trabalhista, apenas para, logo em seguida, repudiar todas as razões que o haviam levado a tomar essa decisão. Quando foi lutar na Espanha, não se alistou na Brigada Internacional, à qual se juntaram quase todos os outros participantes britânicos, mas a um obscuro partido marxista/anarquista, o Poum, na Catalunha. Conhecemos as maquinações políticas pelas quais passou porque ele escreveu sobre elas — corajosamente expondo as suas próprias dúvidas e inconsistências. Em *O caminho para Wigan Pier*, ele dedica toda a segunda parte do livro para se opor ao socialismo, que defende na primeira parte. Essa postura de advogado do diabo trazia o conhecido ataque a "toda aquela tribo horrorosa de mulheres que se acham tão superiores, e os barbudos de sandálias que tomam suco de frutas e acorrem em bandos ao cheiro do 'progresso' como moscas-varejeiras em cima de um gato morto". Provavelmente, no campo da esquerda, Orwell não era o único escritor que convivia com a atração pelo socialismo e a repulsa aos socialistas, mas foi o único a pôr no papel essa dicotomia. Entendo quão frustrante isso pode ter sido para o leitor contemporâneo que acompanhava em tempo real o processo mental de Orwell. Como observou Bernard Crick, seu grande biógrafo: "Às vezes ele mais parecia aqueles torcedores de futebol fanáticos e barulhentos que se destacam ao lançar críticas, sarcasmos e abusos contra seu próprio e resignado time". Para mim, contudo, segui-lo de longe era estimulante.

Li O *capital*, de Marx, ainda jovem e, acreditando ter entendido a teoria da mais-valia, era atraído pela noção de um Estado dos trabalhadores. Muitos dos meus companheiros no movimento sindicalista eram enfáticos sobre a conveniência de uma ditadura do proletariado. A opinião pública era descartada como "falsa consciência", e o Parlamento eleito representava a "democracia burguesa". A ideia de compromisso era ridicularizada, e a de moderação, desdenhada. Foi graças a Orwell que descobri o socialismo visceralmente igualitário, patriótico e não dogmático com o qual tenho afinidade. O objetivo dele não era converter os incrédulos, mas defender o socialismo democrático contra os ataques da esquerda e reconquistar do comunismo os "companheiros de viagem". Como registra no ensaio "Why I Write" (Por que escrevo), ele adotou uma posição firme apenas quando "a Guerra Civil Espanhola e outros acontecimentos em 1936-7 marcaram um ponto decisivo, a partir do qual soube onde me colocar. Toda frase séria que escrevi desde 1936 foi escrita, direta ou indiretamente, *contra* o totalitarismo e *a favor* do socialismo democrático, tal como o entendia".

O que me atraía como um jovem da classe trabalhadora era a confiança de Orwell na decência inata da classe trabalhadora. Teria sido difícil confundir o próprio Orwell com um trabalhador de mãos calejadas. Educado em Eton (graças a uma bolsa de quatro anos que recebeu ainda adolescente), ex-funcionário subalterno do Império Britânico (ele se alistou no Serviço Colonial como oficial de polícia na Birmânia, em vez de ir cursar a universidade) e com o afetado sotaque que o distinguia como um "cavalheiro", e não um "companheiro", ele sem dúvida não se parecia com ninguém que houvesse conhecido nos cortiços de North Kensington, mas ainda assim eu sentia que estava genuinamente do nosso lado.

A publicação dos seus romances era entremeada pelo que chamava de "documentários" — obras que registravam suas tentativas de entender como era a vida das classes trabalhadoras (*O caminho para Wigan Pier*) e das classes mais baixas (*Na pior em Paris e Londres*). Curiosamente, embora o sotaque tenha prejudicado suas tentativas de cair nas boas graças dos mineiros de carvão em Wigan, não o atrapalhou ao dar o passo extraordinário de conviver com os destituídos, submetendo-se à vida dos então chamados vagabundos. Ao que parece, havia muitos "almofadinhas" que tinham perdido tudo e acabado na rua da amargura. Essas tentativas de explorar o submundo dos pobres foram, com razão, tidas por muitos como condescendentes e inautênticas, uma vez que Orwell podia retomar sua vida no momento em que quisesse. Ainda que talvez insensato sob certos aspectos, tal artifício também podia dar resultados, sobretudo quando ele descia literalmente ao submundo. Um bom exemplo é a famosa passagem de *O caminho para Wigan Pier* na qual Orwell entra numa mina de carvão e se arrasta pelas galerias claustrofóbicas, percorrendo muito recurvado uma distância de quase um quilômetro e meio. Ao chegar exausto à frente da lavra de apenas 66 centímetros, ele se dá conta de que seu turno de trabalho nem sequer tinha começado. Esse longo e perigoso percurso não remunerado pelas entranhas da terra era apenas o prelúdio de uma jornada de oito horas arrancando pedaços de carvão do minúsculo veio num ambiente sem ar, escuro como breu e sufocante, que Orwell descreveu vividamente para os leitores que consumiam o carvão sem pensar por um instante em como era produzido. Sem dúvida, esse trecho me ensinou sobre as dificuldades e os perigos da mineração do carvão, tal como deve ter feito com milhões de outros desde a publicação da obra, em 1937.

O brilhantismo de Orwell ia além de seus livros. De muitas maneiras, ele se revela mais plenamente nos ensaios e nos artigos jornalísticos. É ali que fala de seu "prazer em objetos sólidos e fragmentos de informação inútil". Mais esclarecedor (em "Why I Write"), Orwell nos conta que "não se consegue escrever nada legível a menos que se lute constantemente para anular a própria personalidade". Nessa frase, sem nenhuma explicação adicional, Eric Blair indica o motivo de ter escolhido publicar sob pseudônimo. A meu ver, contudo, Orwell fracassa nesse objetivo, sobretudo nos ensaios. É como se tivessem sido escritos por Eric Blair, ao passo que George Orwell se concentra nos livros. Com exceção da segunda parte de *O caminho para Wigan Pier*, é nos livros que se encontram plenamente delineadas as suas concepções políticas. Mas o caminho que o levou a elas está nos ensaios. E devemos agradecer ao fato de a tentativa de apagamento ter falhado, pois é justamente a personalidade de Eric Blair que descobre uma poesia instigante nas coisas corriqueiras. Em *The Lion and the Unicorn* [O leão e o unicórnio], ele manifesta o seu amor pela Inglaterra, onde "as moedas [são] mais pesadas, a relva, mais verde, os anúncios, mais chamativos", ao evocar a imagem de "velhas solteironas pedalando a caminho da comunhão em meio à névoa das manhãs de outono". E descreve uma cultura "associada a desjejuns substanciais e domingos melancólicos, cidades esfumaçadas e estradas sinuosas, campos verdejantes e caixas de correio vermelha". Os ensaios comprovam a sua ternura essencial, parte de sua personalidade tanto quanto o distanciamento e a contrariedade. E ainda que ele esteja convencido de que conceitos como justiça, liberdade e verdade objetiva podem ser ilusórios, são ilusões poderosas nas quais as pessoas ainda acreditam. Na Inglaterra de Orwell (nunca Grã Bretanha), "a espada continua na bainha" e o juiz que decide a pena capital, "esse velho maligno de toga escarlate e peruca de crina, a quem nada menos além da dinamite vai ensinar em que século está vivendo", é incorruptível, parte da "sutil rede de compromissos" que fazem da Inglaterra um país pelo qual vale a pena lutar.

A eclosão da Segunda Guerra Mundial marcou a cristalização das concepções de Orwell. Ele era um patriota que entendeu as ameaças do fascismo e do comunismo (o pacto entre Hitler e Stálin foi um ponto de inflexão crucial), e isso inspirou os seus dois romances mais conhecidos. *A revolução dos bichos* veio antes e é tido por alguns como um alerta contra os males da revolução. Mas Orwell acreditava que ela era necessária. Mais do que um evento, ele a considerava um processo e acreditava que poderia ser alcançada por meio das urnas. A violência apenas seria perpetrada por aqueles reacionários que se opunham à vontade popular, determinada por via democrática. *A revolução dos bichos* não vituperava contra a revolução, mas contra uma revolução traída. O livro o tornou famoso em todo o mundo. Curiosamente, em "Why I Write", de 1946, ele afirma que "há sete anos não escrevo um romance, mas tenho a esperança de começar outro logo mais. Está destinado a ser um fracasso".

Esse outro romance foi *1984*, a derradeira obra de Orwell, publicada em 1949, sete meses antes de sua morte. Incluído em todas as listas dos melhores romances em língua inglesa, da revista *Time* à BBC, *1984* vendeu e continua a vender milhões de exemplares em todo o mundo. Orwell deixou claro que se tratava de um alerta contra o totalitarismo de direita e de esquerda, e não de uma profecia. No romance, ele imagina as consequências de uma filosofia política que coloca o poder acima da lei e sacrifica a liberdade individual pela interpretação de bem coletivo imposta pelo Partido. Na época em que o escreveu, embora Orwell soubesse dos esforços de Hitler para promover a pureza racial, ainda estava por ser revelada toda a amplitude dos crimes contra a humanidade cometidos por Stálin — e *O livro vermelho*, de Mao Tsé-tung, nem sequer havia sido escrito. O romance de Orwell estava fadado a se manter relevante entre o ano de sua publicação e o do seu título. Surpreendente é o quanto continua a ser extraordinariamente relevante mesmo no século XXI. A limpidez e a precisão da prosa preservaram o frescor do livro, e os seus temas — a importância da verdade objetiva e da distinção entre patriotismo e nacionalismo — continuam muitíssimo pertinentes na nossa época. Em suma, a trajetória literária, política e filosófica de

Orwell culminou numa derradeira obra magistral, que acabou sendo incorporada às nossas vidas.

Atualmente, assistimos a programas como *Big Brother* e *Room 101* em nossas "teletelas". As expressões "novafala" e "pensamento-crime" se tornaram correntes, e até o nome do autor passou a constar dos dicionários como adjetivo. Os importantes eventos de 2016, com o referendo sobre a permanência da Grã-Bretanha na União Europeia e a eleição de Donald Trump nos Estados Unidos, tiveram uma dimensão "orwelliana". Em *The Lion and the Unicorn*, Orwell afirma que "a insularidade dos ingleses, a recusa em levar a sério os estrangeiros, é uma insensatez que, de tempos em tempos, tem de ser saldada por um alto preço". E nos Estados Unidos a eleição do 45º presidente fez com que *1984* (publicado quando o 33º presidente, Harry S. Truman, ocupava a Casa Branca) voltasse a frequentar a lista dos mais vendidos. Com deliciosa ironia, a porta-voz de Trump, Kellyanne Conway, parecia tomada por Orwell ao descrever um comentário do presidente como sendo um "fato alternativo", e não uma mentira. O conceito de *"fake news"* poderia ter saído do regime Socing no superestado da Oceânia. Tais acontecimentos demonstram que a luta em defesa da verdade objetiva ainda é fundamental e também que, embora Eric Blair tenha morrido em 1950, George Orwell continua bem vivo.

"A verdade sobre os ingleses e seu Império"

de *Dias na Birmânia* (1934)

[Flory] comemorou seu vigésimo sétimo aniversário no hospital, coberto da cabeça aos pés por feridas horríveis conhecidas como "feridas da lama", mas que provavelmente haviam sido provocadas pelo uísque e pela comida de má qualidade. Deixaram pequenas crateras na pele que levaram dois anos para desaparecer. De repente, ele começou a se sentir muito mais velho e a ter uma aparência também muito mais velha. Sua juventude estava encerrada. Oito anos de vida oriental, febre, solidão e bebedeiras intermitentes tinham lhe imposto sua marca.

Desde então, cada ano tinha sido mais solitário e amargo que o anterior. O que se encontrava no centro de todos os seus pensamentos a essa altura, e envenenava tudo, era o ódio cada vez mais acerbo à atmosfera de imperialismo em que vivia. Pois à medida que seu cérebro se desenvolvia — não se pode deter o desenvolvimento do cérebro, e uma das tragédias dos que estudam pouco é que se desenvolvem tardiamente, quando já estão comprometidos com algum modo errado de vida —, ele foi percebendo a verdade sobre os ingleses e seu Império. O Império Indiano era um regime despótico — de um despotismo benevolente, sem dúvida, mas ainda assim despotismo, que tinha por finalidade o roubo. E quanto aos ingleses do Oriente, o *sahiblog*, Flory lhes adquirira um tal ódio depois de viver naquela sociedade que se tornara praticamente incapaz de ser justo com eles. Afinal, os pobres-diabos não eram piores do que ninguém. Levavam uma vida nada invejável; não é exatamente um bom negócio passar trinta anos sendo mal pago num país estrangeiro e em seguida voltar para casa com o fígado destroçado e as costas parecendo um abacaxi, tal o tempo que se passou sentado em cadeiras de palhinha, para aposentar-se como aquele sujeito aborrecido de algum clube de segunda categoria. Por outro lado, o *sahiblog* não devia ser idealizado. Existe uma ideia corrente de que os homens ligados a "postos avançados do Império" são pelo menos capazes e trabalhadores. Mas trata-se de uma ilusão. Com exceção dos serviços de fundo científico — como o Departamento de Florestas, o Departamento de Obras Públicas e assemelhados —, os funcionários britânicos na Índia não têm nenhuma necessidade especial de fazer seu trabalho com a mínima competência. Poucos trabalham com o mesmo afinco ou inteligência que um carteiro de qualquer cidadezinha do interior da Inglaterra. O verdadeiro trabalho administrativo é feito principalmente pelos subordinados nativos; e a genuína espinha dorsal do despotismo não são os funcionários públicos, mas o Exército. Com a existência do Exército, é possível para os funcionários e os homens de negócios continuarem a operar com a segurança necessária, mesmo que sejam idiotas. E a maioria deles *são* idiotas. Pessoas decentes e aborrecidas, cultivando e fortificando a sua mesmice por trás de duzentas e cinquenta mil baionetas.

É um mundo sem ar, estupidificante. Um mundo em que cada palavra, cada ideia, é censurada. Na Inglaterra, é difícil sequer imaginar uma atmosfera como essa. Na Inglaterra qualquer um é livre;

todos vendemos a alma em público e a resgatamos de volta em particular, entre amigos. Mas mesmo uma amizade mal consegue existir quando cada homem branco é mais um dente da engrenagem do despotismo. A liberdade de expressão é impensável; todos os outros tipos de liberdade são consentidos. Você é livre para se tornar um bêbado, um ocioso, um covarde, uma pessoa traiçoeira, um fornicador renitente; mas não é livre para pensar por conta própria. Sua opinião em qualquer assunto de alguma importância lhe é ditada pelo código do *pukka sahib*.

Ao final de algum tempo, o esforço para manter sua revolta em silêncio acaba por envenená-lo como uma doença secreta. Toda a sua vida se transforma numa vida de mentiras. Ano após ano você frequenta os pequenos Clubes assombrados por Kipling, copo de uísque à direita, o último número do *Financial Times* à sua esquerda, escutando e concordando sem demora enquanto o coronel Isso ou Aquilo expõe sua teoria segundo a qual esses malditos nacionalistas deviam ser fervidos em tachos de óleo. Você ouve seus amigos orientais serem chamados de "pequenos *babus* sebosos" e admite, como se espera, que eles de fato são sebosos e pequenos *babus*. Você vê moleques mal saídos da escola desferindo pontapés em criados de cabelos brancos. Chega um momento em que você começa a arder de ódio de seus compatriotas, em que começa a desejar que houvesse um levante nativo que afogasse o seu Império num banho de sangue. E não há nada de honroso nisso, e mal se encontra alguma sinceridade. Porque, *au fond*, o quanto se lhe dá que o Império Indiano seja despótico ou que os indianos sejam oprimidos e explorados? Você só se incomoda porque lhe negam o direito à liberdade de expressão. Você é uma cria do despotismo, um *pukka sahib*, mais condicionado que um monge ou um selvagem por um inquebrantável sistema de tabus.

"Na Inglaterra reconhecemos resignadamente que somos roubados a fim de manter no luxo meio milhão de preguiçosos que não valem nada; mas lutaremos até o último homem para não sermos dominados pelos chineses"

de O caminho para Wigan Pier (1937)

Fiquei cinco anos na polícia indiana, e ao final desse período odiava o imperialismo ao qual eu estava servindo com uma amargura que nem consigo explicar de maneira muito clara. Quando se respira o ar de liberdade da Inglaterra, esse tipo de coisa não é plenamente compreensível. […] Já ouvi das mais inesperadas pessoas, desde velhos malandros até autoridades do serviço público, comentários como: "É claro que não temos nenhum direito de estar aqui neste maldito país. Só que agora, já que estamos aqui, pelo amor de Deus, vamos continuar por aqui". A verdade é que nenhum homem moderno, lá no fundo do seu coração, acha certo invadir um país estrangeiro e subjugar a população à força. A opressão estrangeira é um mal muito mais óbvio e compreensível do que a opressão econômica. Assim, na Inglaterra reconhecemos resignadamente que somos roubados a fim de manter no luxo meio milhão de preguiçosos que não valem nada; mas lutaremos até o último homem para não sermos dominados pelos chineses; assim também as pessoas que vivem de rendas que não ganharam com seu trabalho, sem o menor peso na consciência, veem claramente que é errado entrar num país estrangeiro e ficar ali dando ordens, num lugar onde você é indesejado. O resultado é que cada anglo-indiano é perseguido por uma sensação de culpa que em geral ele esconde ao máximo, pois não há liberdade de expressão, e basta alguém ouvir você fazer um comentário que cheire a insubordinação e sua carreira pode estar em risco. Por toda a Índia há ingleses que odeiam secretamente o sistema de que fazem parte; e apenas uma vez ou outra, quando têm plena certeza de estar na companhia da pessoa certa, deixam transparecer sua amargura oculta.

Lembro-me de uma noite que passei em um trem com um funcionário do Serviço de Educação, um estranho cujo nome nunca descobri. Fazia calor demais para dormir, e passamos a noite conversando. Meia hora de perguntas cautelosas fez cada um concluir que o outro não oferecia perigo; e então durante horas, enquanto o trem sacudia, avançando devagar pela noite negra como breu, sentados em nossos beliches com garrafas de cerveja na mão, nós dois amaldiçoamos o Império Britânico — e o amaldiçoamos a partir de dentro, com inteligência e intimidade. Fez bem para nós dois. Mas dissemos coisas proibidas, e na luz pálida da manhã, quando o trem foi se arrastando devagar até entrar em Mandalay, nos despedimos com tanta culpa como se fôssemos um casal adúltero.

"Vamos todos nos juntar e exprimir um bom ódio"

de *Um pouco de ar, por favor!* (jun. 1939)

Hilda avisou que estava saindo para a reunião do Left Book Club. Parece que vinha alguém de Londres dar uma palestra, mas, nem é preciso dizer, Hilda não fazia a menor ideia do tema. Disse a ela que iria junto. Em geral, não sou daqueles que apreciam palestras, porém as visões de guerra que haviam me acometido naquela manhã, a começar do bombardeiro sobrevoando o trem, me colocaram numa disposição reflexiva. Depois das discussões de costume, colocamos as crianças mais cedo na cama e saímos a tempo da palestra, marcada para as oito horas.

Era um começo de noite enevoado, e o salão estava frio e mal iluminado. Era uma pequena sala de madeira com teto de lata, propriedade de alguma seita não conformista, que a alugava por dez libras. O grupo habitual de quinze ou dezesseis pessoas estava reunido. Na beira do palco um cartaz amarelo anunciava que o assunto da palestra era "A ameaça do fascismo". [...]

No início eu não estava exatamente prestando atenção. O palestrante era um sujeito baixo de aparência ignóbil, mas um bom orador. De semblante pálido, com uma boca que se mexia muito e a voz um tanto rascante daqueles que falam muito em público. Evidentemente, estava atacando Hitler e os nazistas. Não fiquei muito interessado no que dizia — era a mesma ladainha que o *News Chronicle* trazia toda manhã —, no entanto a voz dele me alcançava como uma espécie de rumor sibilante, e vez por outra uma frase se destacava e prendia a minha atenção.

"Atrocidades brutais... Explosões medonhas de sadismo... Cassetetes de borracha... Campos de concentração... Virulenta perseguição dos judeus... Retorno à Idade Média... Civilização europeia... Agir antes que seja tarde... Indignação de todas as pessoas decentes... Aliança das nações democráticas... Posição firme... Defesa da democracia... Democracia... Fascismo... Democracia... Fascismo... Democracia..."

Você conhece esse tipo de conversa. Esses caras podem passar horas despejando isso sobre a gente. Exatamente como um gramofone. Basta posicionar o braço, apertar um botão, e a coisa começa. Democracia, fascismo, democracia. Contudo, por algum motivo, fiquei interessado em observá-lo. Um sujeitinho careca um tanto ignóbil, de cara branca, em pé num palco, disparando slogans. O que está fazendo? De forma bem deliberada — e bem explícita —, o que está fazendo é instigar o ódio. Esforçando-se ao máximo para fazer você odiar certos estrangeiros que chama de fascistas. Que estranho, pensei, ser conhecido como "sr. Fulano de Tal, o renomado antifascista". Que negócio esquisito, o antifascismo. Esse sujeito, suponho, ganha a vida escrevendo livros contra Hitler. Mas o que ele fazia antes de Hitler aparecer? A mesma dúvida vale para médicos, detetives, caçadores de ratos e outros, é claro. Mas a voz rascante prosseguia sem parar, e outra ideia me ocorreu. Ele *acredita* nisso. Não está fingindo nada — ele está convencido de toda palavra que lhe sai da boca. Está tentando instilar o ódio na audiência, mas isso não se compara ao ódio que ele próprio sente. Cada slogan é, para ele, a verdade revelada. [...]

Tinha deixado de ouvir as palavras exatas da palestra. Porém, há mais de uma forma de ouvir. Fechei os olhos por um instante. Curioso o efeito. Parecia distinguir muito melhor quando apenas ouvia a voz. Era uma voz que soava como se pudesse continuar por semanas sem se interromper. É algo horripilante, na verdade, ficar diante de um realejo humano que despeja propaganda a todo momento. A mesma coisa repetida sem cessar. Ódio, ódio, ódio. Vamos todos nos juntar e expressar um bom ódio. De novo e de novo. Isso dá a sensação de que algo entrou no crânio e está martelando o seu cérebro. No entanto, por um instante, com os olhos cerrados, consegui virar o jogo. Consegui entrar no cérebro *dele*. Foi uma sensação peculiar. Por cerca de um segundo, eu me vi dentro dele, quase se poderia dizer que eu *era* ele. De qualquer modo, senti o mesmo que ele estava sentindo.

Contemplei a visão que ele tinha diante dos olhos. E de forma alguma era o tipo de visão sobre a qual é possível falar. O que ele está *dizendo* é apenas que Hitler vem atrás de nós e que precisamos todos nos juntar e exprimir um bom ódio. Não entra em detalhes. Mantém tudo respeitável. Mas o que ele está *vendo* é algo bem diferente. É a imagem dele próprio arrebentando a cara de pessoas com uma chave inglesa. A cara de um fascista, evidentemente. *Sei* que é isso que ele vê. Foi o que eu mesmo vi naqueles um ou dois segundos em que estive dentro dele. Bang! Bem no meio da cara! Os ossos afundam como casca de ovo e aquilo que, um minuto atrás, era um rosto agora não passa de uma grande massa de geleia de morango. Bang! Toma outro! Isso é o que traz na mente, desperto ou dormindo, e quanto mais pensa nisso, mais gosta da ideia. E está tudo certo, pois as caras arrebentadas pertencem aos fascistas.

Mas por quê? A explicação mais provável: porque está apavorado. Atualmente, todo aquele que pensa está paralisado de medo. Esse é apenas um sujeito que vê um pouco mais adiante e por isso está mais apavorado do que os outros. Hitler vem em nosso encalço! Rápido! Vamos todos agarrar uma chave inglesa e nos reunir, e talvez se arrebentarmos uma boa quantidade de caras eles não vão fazer o mesmo conosco. Juntem-se, escolham um Líder. Hitler é negro e Stálin é branco. Mas também poderia ser o inverso, pois no espírito desse sujeitinho, tanto Hitler como Stálin são iguais. Ambos significam chaves inglesas e caras arrebentadas.

Guerra! Voltei a pensar nela. Logo vem aí, não resta dúvida. Mas quem tem medo da guerra? Ou melhor, quem tem medo das bombas e das metralhadoras? "Você tem medo", diria alguém. Claro que tenho, assim como todos os que sabem como são as guerras. Mas não é a guerra que importa, e sim o pós-guerra. O mundo em que estamos caindo, esse mundo de ódio, esse mundo de slogans. As camisas coloridas, as cercas de arame farpado, os cassetetes de borracha. As celas secretas onde a luz elétrica fica ligada dia e noite, e os investigadores o vigiam enquanto você dorme. E os desfiles e os cartazes com rostos enormes, e as multidões de 1 milhão de pessoas aclamando o Líder até se ensurdecerem e acharem que de fato o veneram, enquanto o tempo todo, por dentro, elas o odeiam tanto que querem vomitar. Tudo isso vai acontecer. Ou não? Há dias em que me parece impossível, noutros sei que isso é inevitável. Naquela noite, porém, eu sabia que tudo isso iria ocorrer. Estava tudo ali no som da voz do pequeno palestrante.

"Ainda que seja confiável como história, como ficção é medíocre"

da resenha de O fim do mundo,
de Upton Sinclair (Tribune, 13 set. 1940)

Ainda não consegui decidir se o sr. Upton Sinclair é afinal um romancista muito bom ou muito ruim. Como leio os seus livros há muitos anos, a questão poderia estar resolvida se fosse possível afirmar que tenho o mesmo tipo de prazer com os romances dele que com os de outros autores. Mas, enfim, o que é um romance? O mero fato de que *Tom Jones*, *Filhos e amantes*, *Os homens preferem as louras* e *Tarzan dos macacos* sejam todos classificados como romances basta para nos mostrar quão vago é o gênero.

Os livros do sr. Sinclair, também classificados como romances, na verdade são panfletos, uma espécie de adaptação socialista do tradicional panfleto religioso no qual um jovem a caminho da ruína ouve um sermão impressionante e, depois disso, não bebe nada mais forte do que um chocolate quente. O que conferia a esses opúsculos a força literária que muitas vezes exibiam era o fato de seus autores acreditarem neles; sem dúvida, não era por evidenciarem conhecimento da vida real ou pela construção dos personagens. É bem isso o que ocorre com o sr. Sinclair. Ele sabe, como o sabiam os profetas hebreus, que há muita maldade no mundo, e a sua arraigada convicção insufla vida numa série de sermões tremendos que provavelmente mais perdem do que ganham ao serem vazados na forma de relatos.

Em épocas distintas, ele publicou "avaliações" da imprensa, do setor do carvão, do setor da carne, do setor petrolífero, entre outros que me escapam à lembrança. Desta vez, em *O fim do mundo*, o tema é o tráfico de armas. Quando se fica sabendo que o herói, Lanny Budd, é um talentoso e generoso jovem americano criado nos círculos mais refinados da sociedade europeia graças aos lucros do próspero negócio do pai com metralhadoras, granadas de mão e outros instrumentos de assassinato, dá para imaginar mais ou menos a história. Pois aqui, como em todos os livros do sr. Sinclair, não há propriamente um enredo, mas apenas o desenrolar de um tema social e o relato de como este vai sendo percebido por um indivíduo, com a sua conversão ao socialismo ocorrendo por volta do último capítulo.

Entretanto, é nos fatos que o sr. Sinclair se destaca. Ele provavelmente denunciou mais iniquidades do que qualquer outro autor em nossa época, e em todos os casos podemos ter certeza de que ele não está dizendo nada além da verdade, e até um pouco menos do que a verdade. Não tenho dúvida de que os seus relatos minuciosos da disseminação descaradamente fraudulenta, cínica e deliberada de rumores bélicos por parte de Sir Basil Zaharoff e de outros (pois personagens reais aparecem no livro) são perfeitamente precisos. Ninguém jamais ganhou um processo por difamação contra o sr. Sinclair — o que, levando-se em conta todas as denúncias que fez, nos diz algo a respeito da sociedade atual.

Porém, a questão é saber se, fora das fileiras dos já convertidos, essas acusações contra o capitalismo causaram uma impressão significativa. O melhor dos seus livros, e um dos primeiros, *The Jungle* [A selva], um relato das terríveis condições de trabalho nos matadouros de Chicago, é genuinamente comovente, no mínimo porque o destino dos camponeses europeus pobres atraídos para os Estados Unidos, onde eram explorados até a morte como operários fabris, era algo por si mesmo deplorável. Todavia, apenas uma das revelações do livro teve um impacto efetivo na consciência pública — a de que as condições nos matadouros eram insalubres e de que carcaças infectadas muitas vezes eram postas à venda. Os sofrimentos dos trabalhadores passaram em branco. "Eu mirei no coração do público", diria Upton Sinclair mais tarde, "e acertei no estômago." Duvido que o público seja alvejado em qualquer parte de sua anatomia no caso de *O fim do mundo*, que trata de uma etapa da sociedade que hoje ficou para trás. Mas o livro faz o registro de alguns elementos interessantes de canalhice. Ainda que seja confiável como história, como ficção é medíocre.

"Sabe-se que os jornais costumam ser inverídicos, mas também que não podem publicar mentiras que superem certa magnitude"

resenha de *The Invasion from Mars* [A invasão marciana], de Hadley Cantril (*The New Statesman and Nation*, 26 out. 1940)

Há quase dois anos, o sr. Orson Welles produziu para a Columbia Broadcasting System, em Nova York, uma peça radiofônica baseada na fantasia *A guerra dos mundos*, de H. G. Wells. Embora sem a intenção de pregar uma peça, a emissão teve uma repercussão espantosa e imprevista. Milhares de pessoas a confundiram com um programa de notícias e, ao menos por algumas horas, acreditaram mesmo que os marcianos tinham invadido os Estados Unidos e avançavam pelo interior do país sobre pernas de aço com trinta metros de altura, massacrando tudo e todos com raios de calor. Alguns dos ouvintes foram tomados de tal pânico que correram para os seus carros a fim de fugir. Evidentemente, não há como obter números exatos, mas os realizadores desse levantamento (feito por um dos departamentos de pesquisa de Princeton) têm motivos para estimar que cerca de 6 milhões de pessoas ouviram o programa, e que bem mais de 1 milhão experimentaram algum tipo de pânico.

Na época, o incidente foi motivo de piada ao redor do mundo, e a credulidade "daqueles americanos" foi muito comentada. No entanto, a maioria dos relatos divulgados no exterior era um tanto enganosa. O texto do programa de Orson Welles é aqui reproduzido por inteiro, e nota-se que, além do anúncio de abertura e de um trecho de diálogo no final, toda a peça é apresentada sob a forma de boletins de notícias, ostensivamente verídicos e identificados pelos nomes das estações de rádio. Esse é um método bastante natural de produzir uma peça desse tipo, mas também não surpreende que muitos daqueles que ligaram o rádio após o início da transmissão tenham imaginado que se tratava mesmo de um noticiário. Havia portanto dois tipos distintos de crença envolvidos: 1) que a peça era um boletim de notícias, e 2) que todo boletim de notícias pode ser considerado verídico. E é esse ponto o mais interessante nessa pesquisa.

Nos Estados Unidos, o rádio é o principal veículo de notícias. Há uma enorme quantidade de estações transmissoras, e quase toda família tem um aparelho receptor. Os autores até mesmo afirmam que surpreendentemente lá é mais comum ter um rádio do que receber um jornal. Portanto, para transferir esse incidente para a Inglaterra, seria preciso talvez imaginar as notícias de uma invasão marciana estampadas na primeira página de um dos tabloides noturnos. Não há dúvida de que a comoção seria enorme. Sabe-se que os jornais costumam ser inverídicos, mas também que não podem publicar mentiras que superem certa magnitude, e quem topasse com manchetes imensas anunciando a chegada de um cilindro vindo de Marte provavelmente acreditaria no que estava lendo, ao menos durante os poucos minutos necessários para buscar uma comprovação.

Todavia, o mais espantoso foi que pouquíssimos ouvintes americanos fizeram algum esforço de verificação. Os compiladores do levantamento examinaram 250 pessoas que confundiram a transmissão com um noticiário. Aparentemente, mais de um terço deles não buscaram nenhuma outra comprovação; ao ouvirem que se aproximava o fim do mundo, eles acataram a notícia sem fazer objeção. Alguns imaginaram que se tratava, na verdade, de uma invasão alemã ou japonesa, mas a maioria acreditou na chegada dos marcianos, incluindo aqueles que só souberam da "invasão" por meio de vizinhos, e até mesmo uns poucos que sabiam no início que estavam ouvindo uma peça radiofônica. [...]

A pesquisa não sugere nenhuma explicação abrangente para o pânico. Apenas constata que as pessoas mais suscetíveis de ser afetadas eram os pobres, os menos instruídos e, sobretudo, aqueles que enfrentavam problemas financeiros ou eram infelizes no âmbito privado. A conexão evidente entre infelicidade pessoal e prontidão para aceitar o inacreditável é aqui o achado mais interessante. Comentários do tipo "tudo está tão errado no mundo que qualquer coisa podia acontecer", ou "contanto que todo mundo morresse, estava tudo bem", são respostas surpreendentemente comuns ao questionário. Pessoas que estavam desempregadas ou à beira da falência por uma década talvez ficassem aliviadas ao saber do fim iminente da civilização. É um estado de espírito que levou nações inteiras a se lançar nos braços de um Redentor.

"Uma das diversões mais fáceis do mundo é desmistificar a democracia"

de "Fascism and Democracy" [Fascismo e democracia] (*The Left News*, fev. 1941)

Uma das diversões mais fáceis do mundo é desmistificar a democracia. Neste país, pouco se levam em conta os argumentos meramente reacionários contra o governo popular, mas nos últimos vinte anos a democracia "burguesa" foi atacada de forma bem mais sutil tanto por fascistas como por comunistas, e é muito significativo que esses aparentes inimigos tenham recorrido aos mesmos fundamentos nesses ataques. É verdade que os fascistas, com métodos mais arrojados de propaganda, também aproveitam quando lhes convém o argumento aristocrático de que a democracia "coloca os piores no comando", mas basicamente o que alegam todos os apologistas do totalitarismo é que a democracia não passa de uma fraude. Ao que parece, ela não passa de um disfarce para o domínio de um punhado de ricos. Não se trata aí de algo completamente falso, e tampouco é algo obviamente falso; pelo contrário, é até mais justificável do que contestável. Para um estudante de dezesseis anos, atacar a democracia é mais fácil do que defendê-la. E não há como responder a ele a menos que se conheça o "caso" antidemocrático e se esteja disposto a admitir que, em grande medida, é verdadeiro.

Para começar, o que sempre se coloca contra a democracia "burguesa" é o fato de ela ser anulada pela desigualdade econômica. De que vale a chamada liberdade política para alguém que trabalha doze horas diárias em troca de três libras por semana? Uma vez a cada cinco anos, ele pode votar no partido que quiser, mas no restante do tempo praticamente todos os detalhes de sua existência são ditados por seu empregador. E, na prática, também a sua vida política é assim determinada. A classe abastada mantém em suas mãos todos os postos ministeriais e as funções públicas, manipulando o sistema eleitoral a seu favor ao subornar os eleitores, direta ou indiretamente. Ainda quando, por algum revés, um governo que representa as classes mais pobres chega ao poder, os ricos em geral podem chantageá-lo com ameaças de exportar o capital. Mas o mais importante é que quase toda a vida cultural e intelectual da comunidade — jornais, livros, escolas, filmes, rádio — está sob o controle desses endinheirados, que têm motivos fortes para evitar a difusão de determinadas ideias. O cidadão de um país democrático é "condicionado" desde o seu nascimento, de forma menos rígida mas não menos efetiva do que o seria num Estado totalitário.

E não há nenhuma certeza de que o domínio de uma classe privilegiada possa em algum momento ser rompido por meios estritamente democráticos. Em tese, o governo do Partido Trabalhista poderia chegar ao poder com uma clara maioria e de imediato instaurar o socialismo por meio de um ato do Parlamento. Na prática, as classes abastadas se rebelariam, provavelmente com êxito, pois contam com o apoio da maioria dos funcionários estáveis e dos ocupantes de postos cruciais nas Forças Armadas. Os métodos democráticos apenas são viáveis onde há uma base razoavelmente ampla de consenso entre todos os partidos políticos. Não há nenhuma razão preponderante para se pensar que alguma mudança fundamental possa ser alcançada por meios pacíficos.

De novo, muitas vezes se argumenta que toda a fachada da democracia — liberdade de expressão e de reunião, independência dos sindicatos, e assim por diante — deve ruir logo que as classes abastadas não estejam mais obrigadas a fazer concessões a seus empregados. A "liberdade" política, costuma-se dizer, é simplesmente um suborno, um sucedâneo incruento da Gestapo. De fato, os países considerados democráticos são em geral prósperos — na maioria dos casos, com base na exploração, direta ou indireta, da mão de obra barata de povos de cor —, e também a democracia tal como a conhecemos nunca existiu a não ser em países marítimos ou montanhosos, ou seja, capazes de se defender sem a necessidade de manter um enorme Exército permanente. A democracia acompanha — e provavelmente requer — condições favoráveis de vida; ela nunca prosperou em Estados pobres e militarizados. Se a localização resguardada da Inglaterra for tirada, o país vai prontamente retroceder a métodos políticos tão bárbaros quanto os da Romênia. Além do mais, todos os governos, democráticos ou totalitários, dependem em última análise da força.

Nenhum governo, a menos que seja conivente com a própria derrubada, pode ou demonstra o menor respeito pelos "direitos" democráticos quando se vê seriamente ameaçado. Um país democrático empenhado numa guerra desesperada é obrigado, tanto quanto uma autocracia ou um Estado fascista, a recrutar soldados de forma compulsória, coagir trabalhadores, encarcerar derrotistas, suprimir jornais sediciosos; em outras palavras, ele apenas pode se salvar da destruição deixando de ser democrático. Aquelas coisas pelas quais supostamente está lutando sempre acabam descartadas assim que começa a briga.

Esse, num resumo grosseiro, é o caso contra a democracia "burguesa", proposta tanto por fascistas como por comunistas, embora com enfoques diferentes. Não há como deixar de reconhecer que todos os pontos contêm muita verdade. No entanto, por que é que tal argumento é, em última análise, falso — por que todo mundo que foi criado num país democrático sabe quase instintivamente que há algo de errado em toda essa linha de argumentação?

O que há de errado com esse desmascaramento familiar da democracia é que ele não basta para explicar todos os fatos. As diferenças existentes na atmosfera social e no comportamento político entre os países são muito maiores do que se pode explicar por uma teoria que desconsidera as leis, os costumes, as tradições etc., tratando-os como mera "superestrutura". No papel é muito fácil demonstrar que a democracia é "a mesma coisa" que (ou "tão ruim quanto") o totalitarismo. Existem campos de concentração na Alemanha; mas também há campos de concentração na Índia. Os judeus sofrem perseguição onde quer que reine o fascismo; mas o que dizer das leis raciais na África do Sul? A honestidade intelectual é um crime em qualquer país totalitário; mas até na Inglaterra não é exatamente vantajoso falar e escrever a verdade. Tais paralelos podem ser multiplicados de forma indefinida. Mas a argumentação implícita e subjacente é que uma diferença de grau não constitui uma diferença. Não há como negar, por exemplo, que exista perseguição política nos países democráticos. Trata-se de ver em que medida. Quantos refugiados fugiram da Inglaterra, ou de todo o Império Britânico, nos últimos sete anos? E quantos refugiados saíram da Alemanha? Quantas pessoas você de fato conhece que foram espancadas com cassetetes de borracha ou obrigadas a engolir galões de óleo de rícino? Quão perigoso lhe parece ir ao pub mais próximo e exprimir a opinião de que essa é uma guerra capitalista e que devemos abandonar a luta? Dá para apontar algo na história britânica ou americana recente comparável à Noite dos Punhais Longos, em junho de 1934, aos processos contra os trotskistas russos, ao pogrom que se seguiu ao assassinato de Ernst vom Rath? Poderia um artigo equivalente a este que estou escrevendo ser publicado num país totalitário, seja ele vermelho, pardo ou negro?

"Até recentemente, considerava-se apropriado fingir que todos os seres humanos são muito parecidos"

de *The Lion and the Unicorn* (fev. 1941)

Enquanto escrevo isto, seres humanos extremamente civilizados estão voando sobre mim, tentando me matar. Eles não sentem nenhuma inimizade contra mim como indivíduo, nem eu contra eles. Estão "apenas cumprindo ordens", como se diz. Quase todos, não tenho dúvida, são homens de coração terno e respeitadores da lei que jamais sonhariam em cometer um assassinato em sua vida particular. Por outro lado, se um deles conseguir me despedaçar com uma bomba bem colocada, não vai perder o sono por causa disso. Está servindo ao seu país, que tem o poder de absolvê-lo do mal.

Não é possível encarar o mundo moderno tal como é sem reconhecer a força avassaladora do patriotismo, da lealdade nacional. Em determinadas circunstâncias o patriotismo pode sucumbir, em certos níveis de civilização nem sequer existe, mas como força positiva não há nada comparável. Ao lado dele, o cristianismo e o socialismo internacionalista são frágeis como uma palha. Hitler e Mussolini ascenderam ao poder em seu país respectivo sobretudo por terem compreendido esse fato, ao contrário dos seus oponentes.

Além disso, não se pode deixar de reconhecer que as divisões entre uma e outra nação são fundadas em diferenças reais. Até recentemente, considerava-se apropriado fingir que todos os seres humanos são muito parecidos, mas na verdade quem for um bom observador sabe que a média do comportamento humano varia bastante de um país para outro. Coisas que acontecem num país não poderiam ocorrer em outro. Por exemplo, a Noite dos Punhais Longos, promovida por Hitler, jamais teria acontecido na Inglaterra. E, no que se refere às populações ocidentais, os próprios ingleses são extremamente diferenciados. Há uma espécie de reconhecimento indireto no desapreço que quase todo estrangeiro sente pelo nosso modo de vida nacional. Poucos europeus toleram viver na Inglaterra, e até os americanos muitas vezes se sentem mais à vontade na Europa.

Ao voltar de um país estrangeiro para a Inglaterra, você tem de imediato a sensação de respirar um ar diferente. Mesmo nos minutos iniciais, dezenas de pequenas coisas conspiram para instilar tal impressão. A cerveja é mais amarga, as moedas, mais pesadas, a relva, mais verde, os anúncios, mais chamativos. As multidões nas grandes cidades, com os rostos ligeiramente nodosos, os dentes estragados e as maneiras cortesas, são diferentes das multidões europeias. Além disso, a vastidão da Europa o engole, e você perde por um instante o sentimento de que a nação inteira partilha de um caráter único e reconhecível. Será que existem mesmo tais entidades, as nações? Não somos nós 46 milhões de indivíduos, cada qual com o seu jeito? E a diversidade disso, o caos! O ruído de tamancos nas cidadezinhas fabris de Lancashire, o ir e vir dos caminhões na Great North Road, as filas diante dos postos de empregos, a balbúrdia dos fliperamas nos pubs do Soho, as velhas solteironas pedalando a caminho da comunhão em meio à névoa das manhãs de outono — nada disso são apenas fragmentos, mas sim fragmentos típicos da paisagem inglesa. Como reconhecer um padrão nessa desordem?

No entanto, basta conversar com estrangeiros, ler livros ou jornais de outros países, e você é remetido de volta à mesma convicção. Não há dúvida, existe algo peculiar e reconhecível na civilização inglesa. É uma cultura tão individual quanto a da Espanha. Está de algum modo associada a desjejuns substanciais e domingos melancólicos, cidades esfumaçadas e estradas sinuosas, campos verdejantes e caixas de correio vermelhas. Ela tem um sabor todo próprio. Além disso, tem continuidade, estendendo-se no futuro e no passado, há algo nela que persiste, como num ser vivo. O que a Inglaterra de 1940 tem em comum com a Inglaterra de 1840? Por outro lado, o que você tem em comum com a criança de cinco anos cuja foto sua mãe expõe sobre a lareira? Nada, exceto o fato de que você é essa mesma pessoa.

[...] Na Inglaterra, toda a vanglória e a agitação de bandeiras, a parafernália da canção patriótica "Rule Brittania", é promovida por pequenas minorias. O patriotismo das pessoas comuns não é altissonante nem consciente. Elas não guardam entre as lembranças históricas o nome de uma única vitória militar. A literatura inglesa, como outras, está repleta de poemas sobre batalhas, mas vale notar que os poemas que conquistaram alguma notoriedade são todos relatos de desastres e retiradas. Não há nenhum poema popular sobre Trafalgar ou Waterloo, por exemplo. O Exército de Sir John Moore em La Coruña, travando uma desesperada batalha de retaguarda antes de escapar pelo mar (tal como em Dunquerque!), tem mais apelo do que uma vitória esplendorosa. O mais emocionante poema de guerra em inglês fala de uma brigada de cavalaria que investiu na direção errada. E, da última guerra, os quatro nomes que de fato ficaram gravados na memória popular são Mons, Ypres, Galípoli e Passchendaele, todos locais de desastres militares. Os nomes das grandes batalhas em que afinal sucumbiram os Exércitos alemães são simplesmente desconhecidos do público em geral.

O motivo pelo qual o antimilitarismo inglês repele os observadores estrangeiros é que ele ignora a existência do Império Britânico. Deixa a impressão de uma absoluta hipocrisia. Afinal, os ingleses incorporaram um quarto do planeta e o mantiveram sob controle graças a uma enorme Força Naval. Como ousam então dar meia-volta e afirmar que a guerra é perversa?

É bem verdade que os ingleses são hipócritas a respeito do seu Império. Na classe trabalhadora, tal hipocrisia se manifesta como mera ignorância de sua existência. Mas a ojeriza deles ao Exército permanente é um instinto muitíssimo sensato. Uma Força Naval emprega comparativamente pouca gente, e é uma arma externa que não afeta de forma direta a política interna. Há ditaduras militares por toda parte, mas não existe nada parecido com uma ditadura naval. O que a população inglesa de todas as classes abomina do fundo do coração é a figura do oficial arrogante, o tilintar das esporas e a batida de botas. Décadas antes de se ouvir falar em Hitler, o termo "prussiano" tinha quase o mesmo significado na Inglaterra que hoje tem o termo "nazista". Tão arraigado é esse sentimento que, há mais de um século, os oficiais do Exército britânico, em épocas de paz, sempre usam roupas civis quando saem de licença.

Um guia rápido e bastante confiável para a atmosfera social de um país é o estilo da marcha nos desfiles militares. Uma parada militar é, na verdade, uma espécie de dança ritualística, como um balé, que expressa determinada filosofia de vida. O passo de ganso, por exemplo, é uma das visões mais horrendas no mundo, bem mais apavorante do que um bombardeiro de mergulho. Ele nada mais é do que uma afirmação escancarada de poder; contém, de forma consciente e deliberada, a imagem de uma bota esmagando um rosto humano. A feiura faz parte de sua essência, dizendo: "Sou feio, sim, e não ouse zombar de mim", como o valentão que faz caretas para assustar a sua vítima. Por que o passo de ganso não é adotado na Inglaterra? Existem, quem sabe, muitos oficiais do Exército que ficariam bastante satisfeitos em introduzir algo parecido. Contudo, ele não é adotado porque seria motivo de zombaria do cidadão comum. Além de certo ponto, a exibição militar só é possível em países nos quais as pessoas comuns não ousam zombar do Exército. Os italianos adotaram o passo de ganso na mesma época em que a Itália se submeteu definitivamente ao controle alemão, e, como era de esperar, eles não conseguem chegar ao nível dos alemães. O governo de Vichy, caso perdure, deve introduzir uma disciplina mais rígida nas paradas do que sobrou do Exército francês. No Exército britânico, a instrução é rígida e complexa, com muitos resquícios do século XVIII, mas sem bravata; a marcha é apenas uma caminhada formal. Ela pertence a uma sociedade dominada pela espada, sem dúvida, mas uma espada que jamais deve ser tirada da bainha.

Todavia, a brandura da civilização inglesa está mesclada a barbaridades e anacronismos. O nosso código criminal é tão desatualizado quanto os mosquetes na Torre de Londres. Ao lado do soldado da tropa de assalto nazista é preciso colocar essa figura tipicamente inglesa, o juiz que decide a pena capital, algum velho ferrabrás artrítico com o espírito enraizado no século XIX, distribuindo punições selvagens. Na Inglaterra, ainda há pessoas que são enforcadas e vergastadas com açoites. Ambas as punições são obscenas e cruéis, mas contra elas nunca se ergueu nenhum protesto genuinamente popular. As pessoas as aceitam (bem como Dartmoor e Borstal) quase como aceitam as condições atmosféricas. Fazem parte da "lei", e supõe-se que esta seja inalterável.

Aqui chegamos a um traço fundamental dos ingleses: o respeito pelo constitucionalismo e pela legalidade, a crença na "lei" como algo acima do Estado e do indivíduo, algo que é cruel e estúpido, evidentemente, mas de qualquer modo incorruptível.

Não é que se imagine que a lei seja justa. Todos sabem que há uma lei para os ricos e outra para os pobres. Mas ninguém aceita a implicação disso, todos se mostram convencidos de que a lei, tal como existe, será respeitada, e são tomados por um sentimento de afronta quando isso não ocorre. Comentários como "Não podem me prender, não fiz nada de errado" ou "Não podem fazer isso, é contra a lei" fazem parte da atmosfera da Inglaterra. Os inimigos confessos da sociedade sentem isso com tanta intensidade quanto qualquer outra pessoa. É o que se vê em livros sobre prisões, como *Walls Have Mouths* [As paredes têm boca], de Wilfred Macartney, ou *Jail Journey* [Jornada carcerária], de Jim Phelan; nas solenes imbecilidades que se ouvem nos julgamentos dos objetores de consciência; nas cartas aos jornais escritas por eminentes professores marxistas, salientando que isto ou aquilo é um "erro judicial". Todos estão profundamente convencidos de que a lei pode ser, deve ser e, de maneira geral, será administrada com imparcialidade. A concepção totalitária de que a lei não existe, de que há apenas o poder, nunca lançou raízes aqui. Mesmo a intelligentsia só em teoria flertou com tal ideia.

Uma ilusão pode virar uma meia verdade, uma máscara que altera a expressão de um rosto. Os argumentos familiares sustentando que a democracia é "a mesma coisa" ou é "tão ruim quanto" o totalitarismo nunca levam em conta esse fato. Toda argumentação desse tipo se resume a afirmar que meio naco de pão é o mesmo que nenhum pão. Na Inglaterra, ainda se acredita em conceitos como justiça, liberdade e verdade objetiva. Podem ser ilusões, mas são ilusões muito poderosas. A crença neles influencia a conduta, e por causa deles a vida nacional é diferente. Como prova disso, basta olhar ao redor. Onde estão os cassetetes de borracha, onde está o óleo de rícino? A espada continua na bainha, e enquanto lá ficar a corrupção não pode ultrapassar certo limite. O sistema eleitoral britânico, por exemplo, é uma fraude quase explícita. Numa dúzia de aspectos óbvios, ele é manipulado em favor dos interesses da classe abastada. Porém, até que ocorra uma mudança profunda no espírito público, o sistema não pode se tornar inteiramente corrupto. Ninguém chega à cabine de votação e topa com homens armados dizendo em quem deve votar; nem a contagem dos votos é incorreta, e tampouco há qualquer suborno direto. Até mesmo a hipocrisia é uma salvaguarda poderosa. O juiz que decide a pena capital, esse velho maligno de toga escarlate e peruca de crina, a quem nada menos além da dinamite vai ensinar em que século está vivendo, mas que de qualquer modo vai interpretar a lei de acordo com os livros e, em nenhuma circunstância, aceitaria suborno em dinheiro, é uma das figuras simbólicas da Inglaterra. Ele é um símbolo da curiosa mescla de realidade e ilusão, democracia e privilégio, decência e fraude, da sutil rede de compromissos pela qual a nação preserva o seu perfil familiar.

"A imprensa inglesa é honesta ou desonesta?"

de *The Lion and the Unicorn* (fev. 1941)

A esta altura, após um ano de guerra, jornais e panfletos ofensivos ao governo, que elogiam o inimigo e clamam pela rendição, estão sendo apregoados nas ruas, quase sem nenhuma interferência. Isso se dá menos por respeito à liberdade de imprensa do que pela simples percepção de que tais coisas não importam. Não há risco em permitir que um jornal como o *Peace News* seja vendido, pois é certo que 95% da população jamais vai se dispor a ler isso. A nação está unida por elos invisíveis. Em qualquer época normal, a classe dominante vai roubar, gerir mal, sabotar e nos conduzir à merda, mas basta permitir que a opinião popular seja de fato ouvida, que sinta um impulso vindo de baixo impossível de ignorar, e dificilmente não reagirá. Os escritores esquerdistas que denunciam a classe dominante como "pró-fascista" propõem uma simplificação grosseira. Mesmo entre o pequeno grupo de políticos que nos conduziram à situação atual, é de duvidar que ali se encontre qualquer traidor deliberado. Raramente a corrupção que ocorre na Inglaterra é dessa ordem. Quase sempre ela tem mais a natureza do autoengano, da mão direita que não sabe o que a esquerda está fazendo. Por ser inconsciente, ela é restrita. Isso se nota com mais clareza na imprensa. A imprensa inglesa é honesta ou desonesta? Em épocas normais, ela é profundamente desonesta. Todos os jornais importantes dependem dos anúncios, e os anunciantes exercem uma censura indireta nas notícias. Porém, não suponho que exista um único jornal na Inglaterra que possa ser subornado de maneira explícita com dinheiro vivo. Na França da Terceira República, era notório que quase todos os jornais podiam ser comprados no balcão, como tantos quilos de queijo. A vida pública na Inglaterra nunca conheceu algo tão abertamente escandaloso. Ela não alcançou o nível de desintegração no qual a mistificação é desnecessária.

A Inglaterra não é a ilha preciosa da passagem tão citada de Shakespeare, mas tampouco o inferno pintado pelo dr. Goebbels. Mais do que a esses dois polos, ela se assemelha a uma família, uma família vitoriana um tanto mofada, com algumas ovelhas negras, mas com todos os armários repletos de esqueletos. Ela inclui parentes ricos que precisam ser adulados e parentes pobres horrivelmente maltratados, e há uma arraigada conspiração de silêncio acerca da origem dos recursos familiares. É uma família na qual os jovens costumam ser frustrados e quase todo o poder está nas mãos de tios irresponsáveis e tias acamadas. Ainda assim, é uma família. Ela tem uma linguagem privada e lembranças comuns, e, diante da aproximação de um inimigo, cerra as suas fileiras. Uma família controlada pelos membros errados — e isso talvez seja o mais próximo que se pode chegar ao descrevermos a Inglaterra numa única frase.

"Essa é a guerra mais verídica travada em tempos modernos"

da "London Letter" [Carta de Londres], 15 abr. 1941 (*Partisan Review*, jul.-ago. 1941)

No que se refere à exatidão das notícias, creio que essa é a guerra mais verídica travada em tempos modernos. Claro que só muito raramente a gente lê os jornais do inimigo, mas em nossa própria imprensa decerto não há nada comparável às horrendas mentiras difundidas por ambos os adversários em 1914-8 ou na Guerra Civil Espanhola. Acredito que o rádio, em especial nos países onde a escuta de transmissões estrangeiras não é proibida, vem tornando cada vez mais difícil a difusão em larga escala de mentiras. Até agora os alemães já afundaram várias vezes a Marinha britânica em seus pronunciamentos públicos, mas fora isso não parecem ter mentido demais a respeito de eventos importantes. Quando as coisas correm mal, o nosso próprio governo mente de forma um tanto estúpida, retendo informações e se mostrando vagamente otimista, mas em geral se vê obrigado a revelar a verdade no prazo de alguns dias. Por fontes muito confiáveis, sei que os informes sobre batalhas aéreas etc. emitidos pelo Ministério do Ar são bem verídicos, ainda que com um óbvio tom favorável. Quanto aos dois outros ministérios militares, nada posso afirmar. Duvido que os problemas com os trabalhadores sejam de fato relatados em sua totalidade. As notícias de uma greve ampla provavelmente não seriam suprimidas, mas creio que podemos supor uma forte tendência a calar os atritos trabalhistas, bem como a insatisfação causada por acantonamentos, evacuações, pensões para as mulheres dos soldados convocados etc. etc. É provável que os debates parlamentares não sejam deturpados pela imprensa, mas por um Parlamento repleto de nulidades que a cada dia se revelam menos interessantes, e apenas cerca de quatro jornais que continuam a lhes conferir proeminência.

A propaganda penetra em nossas vidas com mais intensidade do que há um ano, mas não de forma tão tosca quanto poderia. A agitação de bandeiras e as manifestações de ódio contra o inimigo não se comparam em nada com o que se viu em 1914-8, mas vêm aumentando. Creio que hoje a opinião da maioria é a de que estamos lutando contra o povo alemão, e não só contra os nazistas. O panfleto de ódio à Alemanha *Black Record* [Registro negro], de Vansittart, vendeu como pão quente. É inútil achar que isso se restringe apenas à burguesia. Houve manifestações similares muito ignóbeis entre as pessoas comuns. Ainda assim, em tempos de guerra, por enquanto é notável como existe pouco ódio, pelo menos neste país. Tampouco é, até agora, o "antifascismo", do tipo em voga na época da Frente Popular, uma força poderosa. A população inglesa nunca se entusiasmou por isso. O moral de guerra dela depende mais do tradicional patriotismo, da ojeriza a ser governada por estrangeiros e da mera incapacidade de entender o perigo que enfrenta.

Estou convencido de que a BBC, a despeito da estupidez de sua propaganda voltada para o exterior e da voz insuportável de seus locutores, mantém-se bastante verídica. E em geral é considerada mais confiável do que os jornais. Já os filmes parecem muito afetados pela guerra, no que tange à técnica e ao conteúdo, por exemplo. Eles prosseguem impávidos com a mesma asneira e, quando tratam de política, ficam anos atrás dos tabloides e décadas atrás dos livros sérios.

"Nunca se pode distinguir de todo a arte e a propaganda"

"Literary Criticism II: Tolstoy and Shakespeare" [Crítica literária II: Tolstói e Shakespeare] (programa de rádio, 7 maio 1941; *The Listener*, 5 jun. 1941)

Na semana passada, salientei que nunca se pode distinguir de todo a arte e a propaganda, e aquilo que se supõe serem juízos estritamente estéticos estão sempre corrompidos, em certa medida, por lealdades morais, políticas ou religiosas. E acrescentei que, em épocas conturbadas, como na última década, nas quais nenhuma pessoa consciente pode ignorar o que acontece ao seu redor nem se esquivar de tomar partido, essas lealdades subjacentes acabam sendo empurradas para mais perto da superfície da consciência. A crítica se torna cada vez mais explicitamente sectária, e é cada vez mais difícil até mesmo a pretensão de distanciamento. Mas disso não se pode inferir que não exista algo como um juízo estético, que toda obra de arte é apenas e unicamente um panfleto político e só pode ser avaliada como tal. Se raciocinarmos dessa forma, conduziremos nossa inteligência a um beco sem saída, no qual se tornam inexplicáveis certos fatos significativos e óbvios. E, como ilustração disso, quero examinar um dos maiores exemplos de crítica moral e não estética — de crítica antiestética, por assim dizer — já publicados: o ensaio de Tolstói sobre Shakespeare.

Perto do fim da vida, Tolstói lançou um ataque tremendo contra Shakespeare, com a intenção de mostrar que este não só não era o grande homem que se alegava, como também era um autor inteiramente desprovido de mérito, um dos piores e mais desprezíveis escritores que surgiram no mundo. Na época, o ensaio causou tremenda indignação, mas duvido que tenha recebido resposta satisfatória. Além disso, vou ressaltar que, em grande parte, não havia como responder a ele. Parte do que afirma Tolstói é estritamente verdadeira, e outras partes são de tal modo da ordem das opiniões pessoais que nem sequer merecem ser contestadas. Não quero dizer com isso, é claro, que não há nada no ensaio que pudesse ser respondido. Tolstói se contradiz inúmeras vezes; o fato de estar lidando com uma língua estrangeira faz com que se equivoque bastante, e creio que restam poucas dúvidas de que o ódio e a inveja de Shakespeare o levaram a recorrer a um certo grau de falsificação, ou, pelo menos, de cegueira proposital. No entanto, tudo isso é irrelevante. De modo geral, o que Tolstói diz se justifica de certa maneira, e na época provavelmente serviu como um corretivo útil à adulação boba de Shakespeare então em voga. A resposta ao ensaio está menos naquilo que eu possa dizer do que em certas coisas que o próprio Tolstói é forçado a dizer.

Em sua principal alegação, Tolstói afirma que Shakespeare é um escritor trivial e raso, sem uma filosofia coerente, sem pensamentos ou ideias que mereçam exame detido, sem interesse nos problemas sociais ou religiosos, sem entendimento do caráter ou da probabilidade, e, na medida em que se lhe poderia atribuir alguma atitude definível, contemplava a vida de uma perspectiva cínica, imoral e mundana. Ele o acusa de costurar suas peças uma na outra sem se preocupar com a credibilidade, de recorrer a fábulas fantasiosas e situações impossíveis, de fazer com que todos os personagens falem numa linguagem artificial e rebuscada que nada tem a ver com a da vida cotidiana. E também o acusa de incorporar toda e qualquer coisa a suas peças — solilóquios, trechos de baladas, discussões, piadas vulgares e coisas assim —, sem levar em conta a relevância disso para o enredo, e, por fim, de assumir como um dado a política de poder imoral e as distinções sociais injustas da sua época. Para resumir, ele o acusa de ser um escritor apressado e desmazelado, um homem de moral duvidosa e, sobretudo, de não ser um *pensador*.

Ora, boa parte disso pode ser contestada. Não é verdade, no sentido implicado por Tolstói, que Shakespeare seja um escritor imoral. O seu código moral pode ser diferente do de Tolstói, mas sem a menor dúvida ele tinha um código moral, o qual é evidente em toda a sua obra. Ele é muito mais um moralista do que, por exemplo, Chaucer ou Boccaccio. Tampouco é um tolo tão rematado quanto Tolstói tenta fazer parecer. Há momentos, por sinal, em que daria até para afirmar que Shakespeare demonstra uma visão que vai muito além de sua época. Nesse sentido, caberia chamar a atenção para um texto de crítica que Karl Marx — que, ao contrário de Tolstói, admirava Shakespeare — escreveu sobre *Tímon de Atenas*. Porém, repito que, de maneira geral, é verdade o que diz Tolstói. Shakespeare não é um pensador, e os críticos que o consideraram um dos grandes filósofos do mundo estavam falando bobagem. As ideias dele eram uma confusão, uma mixórdia. Ele se assemelhava à maioria dos ingleses ao ter um código de conduta mas não uma concepção de mundo, uma aptidão filosófica. De novo, é bem verdade que Shakespeare pouco se importa com a probabilidade e raramente se dá ao trabalho de tornar coerentes os personagens. Como sabemos, ele costumava roubar os enredos de outras pessoas e os transformar de forma apressada em peças, muitas vezes introduzindo disparates e inconsistências que não constavam dos originais. Vez por outra, quando o acaso lhe proporcionava um enredo infalível — *Macbeth*, por exemplo —, seus personagens são em parte coerentes, mas em muitos casos se veem obrigados a agir de forma totalmente inacreditável segundo qualquer critério comum. Muitas das peças não exibem nem mesmo o tipo de credibilidade apropriado a um conto de fadas. Seja como for, não temos nenhum indício de que ele mesmo levasse as peças a sério, exceto como um meio de ganhar a vida.

Nos sonetos, ele nem sequer se refere às peças como parte de sua obra literária e apenas uma vez menciona, um tanto envergonhado, que fora um ator. Até aí, a crítica de Tolstói se justifica. É ridícula a alegação de que Shakespeare era um pensador profundo, expondo uma filosofia coerente em peças tecnicamente perfeitas e repletas de observações psicológicas sutis.

Por outro lado, o que Tolstói conseguiu? Com esse ataque furioso ele deveria ter demolido Shakespeare por completo, e é evidente que acredita ter feito isso. Desde a época em que o ensaio de Tolstói foi escrito ou, ao menos, desde a época em que começou a ser amplamente lido, a reputação de Shakespeare deveria ter definhado. Os adoradores de Shakespeare deveriam ter se convencido de que o seu ídolo fora desmistificado e em seguida perdido todo o prazer que sentiam com as peças. Bem, não foi o que ocorreu. Shakespeare foi arrasado, mas de algum modo continua de pé. Por isso, longe de ter sido esquecido em consequência do ataque de Tolstói, o próprio ataque é que hoje está quase esquecido. Embora Tolstói seja um escritor popular na Inglaterra, ambas as traduções do seu ensaio estão fora de catálogo, e tive de procurar em toda a Londres antes de encontrar um exemplar num museu.

O que sobressai disso, portanto, é que, embora Tolstói possa explicar quase tudo sobre Shakespeare, resta um aspecto inexplicado: a sua popularidade. Ele próprio se dá conta disso, e é motivo de grande perplexidade. Comentei antes que a contestação a Tolstói na verdade está contida em algo que ele próprio é obrigado a dizer. Ele se pergunta como Shakespeare, esse escritor ruim, estúpido e imoral, é admirado por toda parte, e afinal a única explicação que lhe ocorre é que se trata de uma espécie de conspiração mundial para perverter a verdade. Ou uma espécie de alucinação coletiva — uma hipnose, como diz — que afeta todo mundo, exceto ele próprio. Quanto ao modo como surgiu essa conspiração ou ilusão, ele se vê forçado a atribuí-lo às maquinações de alguns críticos alemães do começo do século XIX. Foram estes que difundiram a mentira danosa de que Shakespeare é um bom escritor, e desde então ninguém teve a coragem de contradizê-los. Ora, não é preciso dedicar muito tempo a uma teoria assim. Isso não passa de um absurdo. A grande maioria das pessoas que se deleitaram com as peças de Shakespeare jamais foi influenciada, direta ou indiretamente, por qualquer crítico alemão. Pois a popularidade de Shakespeare é algo incontestável, abrangendo pessoas comuns que nada têm de livrescas. Desde a época em que viveu, sempre foi um favorito dos palcos na Inglaterra e continua sendo popular não só nos países de língua inglesa, mas em quase toda a Europa e em partes da Ásia. Mesmo agora, o governo soviético está celebrando o 325º aniversário de sua morte, e uma vez, no Ceilão, assisti a uma peça dele sendo encenada numa língua da qual não entendi uma única palavra. Devemos concluir que há algo de bom — algo de perene — em Shakespeare, algo que pode ser apreciado por milhões de pessoas comuns, ainda que Tolstói não seja capaz de reconhecer isso. Ele consegue sobreviver à revelação de que é um pensador confuso, cujas peças estão cheias de improbabilidades. Ele não pode ser desmistificado por tais métodos, tanto quanto uma flor não pode ser destruída pela pregação de um sermão

E isso, na minha opinião, nos diz um pouco mais sobre algo a que me referi na semana passada: as fronteiras da arte e da propaganda. Isso mostra a limitação de qualquer crítica que se atém apenas ao julgamento do tema e do significado. Tolstói não critica Shakespeare como poeta, mas como pensador e professor, e nesse sentido não encontra dificuldade para arrasá-lo. No entanto, tudo o que diz é irrelevante e não afeta Shakespeare em nada. Não só a sua reputação mas o prazer que temos com ele continuam inalterados. Evidentemente, um poeta é mais do que um pensador e um professor, ainda que tenha de ser ambos também. Toda obra escrita tem um aspecto propagandístico, e no entanto, em qualquer livro ou peça ou poema ou o que seja, aquilo que perdura tem de ser um resíduo de algo que simplesmente não é afetado por sua moral ou por seu significado — um resíduo de algo que podemos chamar de arte. Dentro de certos limites, as ideias e a moral deficientes podem resultar em boa literatura. Se um homem tão grande quanto Tolstói não conseguiu demonstrar o contrário, duvido que alguém o consiga.

"A primeira coisa que esperamos de um escritor é que não diga mentiras"

"Literary Criticism IV: Literature and Totalitarism"
[Crítica literária IV: Literatura e totalitarismo]
(programa de rádio, 21 maio 1941, texto datilografado)

Nestas conversas semanais, venho tratando da crítica, que, no final das contas, não faz parte da corrente principal da literatura. É possível existir uma literatura vigorosa quase sem crítica e espírito crítico, como ocorreu na Inglaterra do século XIX. Mas há um motivo pelo qual, neste momento em particular, os problemas relativos a qualquer crítica séria não podem ser ignorados. No início da minha primeira conversa, afirmei que esta não é uma época crítica. É uma época de partidarismo e não de imparcialidade, uma época na qual é especialmente difícil reconhecer o mérito literário de um livro de cujas conclusões discordamos. A política — na acepção mais ampla desse termo — invadiu a literatura num grau diferente do habitual, e isso trouxe à superfície da nossa consciência o embate que sempre existe entre o indivíduo e a comunidade. Só quando se considera a dificuldade de escrever uma crítica honesta e imparcial numa época como a nossa é que começamos a entender a natureza da ameaça que paira sobre toda a literatura vindoura.

Vivemos numa época em que o indivíduo autônomo está deixando de existir — ou, talvez seria melhor dizer, na qual o indivíduo está perdendo a ilusão de ser autônomo. Ora, em tudo o que dizemos acerca da literatura, e sobretudo naquilo que dizemos acerca da crítica, instintivamente assumimos como dada a autonomia do indivíduo. Toda a literatura europeia moderna — estou me referindo à literatura dos últimos quatrocentos anos — está baseada no conceito de honestidade intelectual, ou, se preferirem colocar dessa maneira, na máxima de Shakespeare: "Sê fiel a ti próprio". A primeira coisa que esperamos de um escritor é que não diga mentiras, que diga o que de fato pensa, o que de fato sente. O pior que se pode dizer acerca de uma obra de arte é que ela não é sincera. E isso vale ainda mais para a crítica do que para a literatura criativa, na qual certo grau de afetação e maneirismo, e até algum grau de embuste, não faz tanta diferença enquanto o escritor mantiver certa sinceridade básica. A literatura moderna é, em essência, algo individual. Ou é a expressão verídica do que um homem pensa e sente, ou não é nada.

[...] O totalitarismo aboliu a liberdade de pensamento num grau inaudito em qualquer época anterior. E é importante perceber que o controle que ele exerce sobre o pensamento não é apenas negativo, mas positivo. Não só você é proibido de expressar — e mesmo de *pensar* — determinados pensamentos, como também ele dita aquilo que você deve pensar, cria uma ideologia para você, tenta dominar a sua vida emocional, bem como impor um código de conduta. E, até onde é possível, ele o isola do mundo externo, encerrando-o num universo artificial no qual você não dispõe de nenhum critério de comparação. Seja como for, o Estado totalitário procura controlar os pensamentos e as emoções de seus governados, ao menos tão completamente quanto controla o comportamento deles.

A questão que nos interessa aqui é: consegue a literatura sobreviver em tal atmosfera? Desde logo, creio que a resposta deve ser negativa. Se o totalitarismo se estender pelo mundo e perdurar, aquilo que conhecemos como literatura deve acabar. E não cabe dizer — por mais plausível que pareça de início — que aquilo que vai chegar ao fim é meramente a literatura da Europa pós-renascentista. Estou convencido de que a literatura de qualquer espécie, do poema épico ao ensaio crítico, está ameaçada pelo empenho do Estado moderno em controlar a vida emocional do indivíduo. Aqueles que negam isso costumam propor dois argumentos. Eles dizem, primeiro, que a assim chamada liberdade que existiu nas últimas poucas centenas de anos era apenas um reflexo da anarquia econômica e, de qualquer modo, em grande parte uma ilusão. E também ressaltam que boa literatura, até melhor do que tudo o que conseguimos fazer hoje, foi produzida em épocas passadas, quando o pensamento não era muito mais livre do que nas atuais Alemanha ou Rússia. Ora, isso é verdade até certo ponto. É verdade, por exemplo, que havia literatura na Europa medieval, quando o pensamento estava sob rígido controle — principalmente sob o controle da Igreja —, e você corria o risco de morrer na fogueira ao expressar a mais ínfima heresia. O controle dogmático da Igreja não impediu, por exemplo, que os *Contos da Cantuária* fossem escritos por Chaucer. Também é verdade que a literatura medieval, e em geral a arte medieval, era de cunho menos individual e mais comunitário do que a literatura e a arte de hoje. A autoria das baladas inglesas, por exemplo, provavelmente não pode ser atribuída a nenhum indivíduo. É bem possível que tenham sido compostas de modo comunitário, como eu mesmo vi há pouco tempo baladas sendo compostas em países orientais. Evidentemente, a liberdade anárquica que caracterizou a Europa nos últimos séculos — o tipo de atmosfera na qual não existe mais nenhum padrão fixo — não é indispensável e talvez nem mesmo vantajosa para a literatura. A boa literatura pode muito bem ser criada no âmbito de um quadro fixo de pensamento.

Todavia, existem várias diferenças cruciais entre o totalitarismo e todas as ortodoxias do passado, tanto na Europa como no Oriente. A mais relevante é que todas as ortodoxias passadas não se alteravam, ou pelo menos não se alteravam com rapidez. Na Europa medieval, a Igreja ditava aquilo em que você devia acreditar, mas ao menos permitia que você mantivesse as mesmas crenças desde o nascimento até a morte. Ela não lhe dizia para acreditar em algo na segunda-feira e em outra coisa no dia seguinte. E isso também vale, mais ou menos, para qualquer cristão, hindu, budista ou muçulmano ortodoxo da atualidade. Em certo sentido, os pensamentos deles são circunscritos, mas passam a vida toda no âmbito da mesma estrutura de pensamento. As emoções deles não se modificam. Ora, no totalitarismo ocorre exatamente o oposto. A peculiaridade do Estado totalitário é a de que, ainda que controle o pensamento, ele não o imobiliza. Ele institui dogmas inquestionáveis, e os altera de um dia para outro. Ele necessita dos dogmas, pois necessita da obediência absoluta de seus governados, mas não pode evitar as mudanças que são ditadas pelas necessidades da política do poder. Ele se declara infalível, e ao mesmo tempo ataca o próprio conceito de verdade objetiva. Para dar um exemplo grosseiro e óbvio, até setembro de 1939, todo alemão tinha de encarar o bolchevismo russo com horror e repulsa, mas, desde setembro de 1939, teve de passar a encará-lo com admiração e afeto. Se a Rússia e a Alemanha entrarem em guerra, como pode muito bem ocorrer nos próximos anos,* outra mudança igualmente brusca terá de ser imposta. Espera-se que a vida emocional dos alemães, seus amores e ódios sejam invertidos da noite para o dia sempre que necessário. Mal preciso salientar o efeito desse tipo de coisa sobre a literatura. Pois a escrita é em grande parte uma questão de sensibilidade, e nem sempre pode ser controlada de fora. Não é difícil fingir um assentimento à ortodoxia da hora, mas só é possível escrever obras de alguma relevância quando o autor está convencido da verdade do que está dizendo; sem isso, não há o impulso criativo. Todos os indícios que temos sugerem que as súbitas mudanças emocionais que o totalitarismo requer de seus seguidores são psicologicamente impossíveis. E esta é a principal razão pela qual afirmo que, se o totalitarismo triunfar em todo o mundo, a literatura como a conhecemos estará com os dias contados. E na verdade o totalitarismo de fato parece ter provocado tal efeito até agora. Na Itália, a literatura foi mutilada, e na Alemanha parece quase extinta. A atividade mais ca-

---

* Na verdade, as potências do Eixo invadiram a União Soviética logo no mês seguinte à transmissão desse programa. (N. E.)

racterística dos nazistas é a queima de livros. E mesmo na Rússia o esperado renascimento literário não teve lugar, e os mais promissores escritores russos mostram uma acentuada propensão a cometer suicídio ou desaparecer na prisão.

[…] Todo aquele que está convencido do valor da literatura, todo aquele que sabe do papel crucial que ela desempenha no desenvolvimento da história humana, também deve ver, em termos de vida ou morte, a necessidade de resistir ao totalitarismo, tanto se for imposto de fora como vindo de dentro.

"Na verdade, o máximo que se pode dizer a favor de Stálin é que talvez seja sincero enquanto indivíduo"

de *War-time Diary* [Diário da época da guerra], 3 jul. 1941

O discurso de Stálin no rádio é uma retomada direta da Frente Popular, da defesa da linha democrática, e de fato uma total contradição de tudo o que ele e seus adeptos vêm dizendo nos últimos dois anos. A despeito disso, foi um magnífico discurso de combate, a contrapartida certa para o de Churchill, e deixou claro que não considera assumir nenhum compromisso, ao menos por enquanto. No entanto, trechos pareciam sugerir que se prepara um grande recuo. A Grã-Bretanha e os Estados Unidos foram mencionados em termos amistosos e mais ou menos como aliados, embora formalmente ainda não haja nenhuma aliança. Ribbentrop e cia. tratados como "canibais", o mesmo termo com que vêm sendo chamados pelo Pravda. *Aparentemente, um dos motivos dessas frases esquisitas que muitas vezes aparecem em discursos traduzidos do russo é que a língua russa dispõe de um vocabulário de xingamentos tão amplo que não existem equivalentes em inglês.*

Não há melhor exemplo da superficialidade moral e emocional da nossa época que o fato de que agora todos somos mais ou menos pró-Stálin. Esse assassino abominável está provisoriamente do nosso lado, e por isso os expurgos etc. de repente são esquecidos. O mesmo vai se dar com Franco, Mussolini etc. caso acabem aderindo a nós. Na verdade, o máximo que se pode dizer a favor de Stálin é que talvez seja sincero enquanto indivíduo, o que não se pode dizer dos seguidores, pois as suas incessantes mudanças de posição são, de qualquer modo, decididas por ele próprio. É um daqueles casos de "quando o pai se vira [na cama], todos os outros se viram", e o pai presumivelmente se vira conforme sopra o espírito.

"Uma das piores coisas da sociedade democrática nos últimos vinte anos é a dificuldade de qualquer conversa ou pensamento francos"

de "Culture and Democracy"
[Cultura e democracia] (22 nov. 1941)

Uma das piores coisas da sociedade democrática nos últimos vinte anos é a dificuldade de qualquer conversa ou pensamento franco. Consideremos um fato importante, diria até que é o fato fundamental acerca da nossa estrutura social. A saber, o de que ela se baseia na mão de obra barata de pessoas de cor. Tal como o mundo está constituído hoje, estamos todos sendo carregados nas costas de trabalhadores braçais asiáticos famintos. O padrão de vida da classe trabalhadora britânica foi e é artificialmente alto porque se baseia numa economia parasitária. A classe trabalhadora, tanto quanto qualquer outra, está envolvida na exploração da mão de obra de cor, e, até onde sei, em nenhuma parte da imprensa britânica nos últimos vinte anos — de qualquer modo, nenhuma parte da imprensa capaz de atrair atenção mais ampla — há uma admissão clara desse fato, ou qualquer conversa explícita a esse respeito. Nos últimos vinte anos, houve na verdade duas políticas disponíveis para nós como uma nação dependente da mão de obra de cor. Uma era reconhecer com franqueza: somos a raça dominante — e, cabe lembrar, é assim que Hitler fala com o seu povo, pois ele é um líder totalitário e pode tratar de determinados assuntos com franqueza —, somos a raça dominante e vivemos graças à exploração das raças inferiores, vamos nos juntar todos e arrancar delas o máximo possível. Essa era uma das políticas; era isso o que, digamos, o *Times* deveria ter publicado se tivesse coragem. Mas ele não publicou isso. A outra política possível era dizer algo assim: não podemos continuar espoliando o mundo para sempre, precisamos ser justos com os indianos, os chineses e os outros, e como o nosso padrão de vida é artificialmente alto e o processo de ajuste deve ser doloroso e difícil, temos de estar prontos para baixar por enquanto esse padrão de vida. Além disso, uma vez que influências poderosas vão atuar para impedir os despossuídos de obterem seus direitos, precisamos nos armar contra a iminente guerra civil internacional, em vez de apenas lutarmos por salários mais altos e menos horas de trabalho. É isso que, por exemplo, o *Daily Herald* teria escrito se tivesse tido coragem. De novo, em nenhuma parte você vai ler algo parecido com isso, em termos tão claros. Simplesmente não se pode dizer esse tipo de coisa nos jornais que sobrevivem de sua circulação e dos anúncios de bens de consumo.

"Toda propaganda é mentira"

de *War-time Diary*, 14 mar. 1942

Toda propaganda é mentira, mesmo quando diz a verdade. Não acho que isso faça diferença enquanto a gente sabe o que está fazendo e por quê.

"Todos acreditam nas atrocidades do inimigo e duvidam daquelas cometidas por seu próprio lado"

de "Looking Back on the Spanish War"
[A Guerra Espanhola em retrospecto] (1943)

Disponho de poucas evidências diretas das atrocidades na Guerra Civil Espanhola. Sei que algumas foram cometidas pelos republicanos, e muitas outras pelos fascistas (estes ainda continuam). Porém, o que me impressionou na época — e continua a me impressionar até hoje — é que as pessoas acreditam ou duvidam das atrocidades unicamente com base em suas predileções políticas. Todos acreditam nas atrocidades do inimigo e duvidam daquelas cometidas por seu próprio lado, sem nem se darem ao trabalho de examinar as evidências. Há pouco tempo compilei uma tabela das atrocidades ocorridas entre 1918 e o presente; não houve nenhum ano sem a ocorrência de atrocidades em uma ou outra parte, e mal se contavam os casos em que a direita e a esquerda deram crédito aos mesmos relatos simultaneamente. E, mais estranho ainda, a qualquer momento a situação pode se inverter de repente, e o relato mais do que comprovado de ontem acaba se revelando uma mentira ridícula, meramente em função de uma mudança na situação política.

Na guerra que está em curso, vivemos a curiosa situação de que a nossa campanha de difusão de atrocidades ocorreu sobretudo antes do conflito, e foi conduzida principalmente pela esquerda, as pessoas que em geral se orgulham de sua incredulidade. No mesmo período, a direita, os divulgadores de atrocidades de 1914-8, estava contemplando a Alemanha nazista e se recusando terminantemente a ver nela o menor mal. Então, assim que eclodiu a guerra, eram os pró-nazistas de ontem que estavam repetindo as histórias de horror, ao passo que os antinazistas de súbito duvidavam até mesmo da existência da Gestapo. Isso também não foi apenas uma consequência do Pacto Nazi-Soviético. Devia-se em parte ao fato de que, antes da guerra, a esquerda equivocadamente acreditara que a Grã-Bretanha e a Alemanha nunca se enfrentariam, o que lhe permitiu, portanto, ser antialemã e antibritânica ao mesmo tempo; em parte também porque a propaganda de guerra oficial, com a sua hipocrisia e farisaísmo abomináveis, sempre tende a fazer com que as pessoas pensantes simpatizem com o adversário. Parte do preço que pagamos pelas mentiras sistemáticas de 1914-8 foi a exagerada reação pró-germânica que se seguiu. Durante os anos 1918-33, você seria vaiado nos círculos esquerdistas se sugerisse que a Alemanha tinha até uma fração de responsabilidade pela guerra. Em todas as denúncias do Tratado de Versalhes que ouvi ao longo desses anos, acho que nem uma vez a questão "Como seria se a Alemanha tivesse vencido?" foi mencionada, para não dizer discutida. O mesmo se dá com as atrocidades. O que se nota é que a verdade vira mentira na boca do inimigo. Há pouco, constatei que as mesmas pessoas que engoliram toda e qualquer história de horror sobre os japoneses em Nanquim em 1937 se recusaram a acreditar nas histórias exatamente iguais acerca de Hong Kong em 1942. Havia até mesmo uma propensão a achar que as atrocidades de Nanquim tinham se tornado, por assim dizer, retrospectivamente inverídicas, pois agora estavam sendo divulgadas pelo governo britânico.

Todavia, desafortunadamente, a verdade sobre as atrocidades é muito pior do que o fato de serem deturpadas e usadas como propaganda. A verdade é que elas ocorrem. O que muitas vezes é citado como motivo de ceticismo — o fato de que as mesmas histórias de horror reaparecem em todas as guerras — apenas faz com que seja bem mais provável que esses relatos sejam verídicos. Obviamente existem fantasias generalizadas, e a guerra proporciona uma oportunidade de colocá-las em prática. Além disso, embora tenha saído de moda dizer tal coisa, restam poucas dúvidas de que aqueles que podemos grosseiramente chamar de "brancos" cometem muito mais atrocidades, e muito piores, do que os "vermelhos". Não há muito que duvidar, por exemplo, acerca do comportamento dos japoneses na China. Tampouco acerca do longo relato dos episódios de violência fascista nos últimos dez anos na Europa. O volume de testemunhos é imenso, e uma proporção significativa deles vem da imprensa e do rádio alemães. Tais coisas ocorreram mesmo, isso é o crucial. E ocorreram mesmo que lorde Halifax tenha dito que ocorreram. As violações e os massacres nas cidades chinesas, as torturas nos porões da Gestapo, os velhos professores judeus lançados em latrinas, o fuzilamento de refugiados nas estradas espanholas — tudo isso aconteceu, e não deixou de acontecer porque o *Daily Telegraph* de repente começou a falar disso com cinco anos de atraso.

"Na Espanha, pela primeira vez, vi notícias que não tinham nenhuma relação com os fatos"

de "Looking Back on the Spanish War" (1943)

A luta pelo poder entre os partidos da República espanhola é um assunto lamentável e remoto que não tenho vontade de retomar neste momento. Somente o menciono a fim de dizer: não acredite em nada, ou em quase nada, do que lê sobre os assuntos internos da parte do governo. Tudo não passa, seja qual for a fonte, de propaganda partidária — ou seja, de mentiras. A verdade mais ampla sobre a guerra é bem simples. A burguesia espanhola viu a oportunidade de esmagar o movimento operário e a agarrou, ajudada pelos nazistas e pelas forças reacionárias de todo o mundo. É de se duvidar que algo além disso seja algum dia esclarecido.

Lembro de comentar certa vez com Arthur Koestler que "a história parou em 1936", ao que ele assentiu numa compreensão imediata. Ambos estávamos pensando no totalitarismo em geral, mas em especial na Guerra Civil Espanhola. Ainda jovem me dei conta de que nenhum acontecimento é corretamente relatado num jornal, mas na Espanha, pela primeira vez, vi notícias que não tinham a menor relação com os fatos, nem mesmo o relacionamento implícito numa mentira banal. Vi notícias de grandes batalhas onde não houvera nenhum combate, e silêncio total onde centenas de homens tinham sido mortos. Vi soldados que lutaram bravamente ser denunciados como covardes e traidores, e outros que nunca dispararam um tiro ser exaltados como heróis de vitórias imaginárias; e vi jornais em Londres reproduzindo essas mentiras, e intelectuais afoitos erguendo superestruturas emocionais sobre eventos que nunca haviam ocorrido. Vi, na verdade, a história sendo escrita não em termos do que aconteceu, mas do que deveria ter acontecido de acordo com várias "linhas partidárias". Mas de certo modo, por mais horrível que fosse, isso era irrelevante. Dizia respeito a questões secundárias — a saber, a luta pelo poder entre a Internacional Comunista e os partidos de esquerda espanhóis e os esforços do governo russo para impedir a revolução na Espanha. Mas o quadro mais amplo da guerra que o governo espanhol apresentava ao mundo não era inverídico. As questões principais eram mesmo aquelas que ele colocava. Porém, no que se refere aos fascistas e aos seus apoiadores, como eles poderiam até mesmo se aproximar da verdade nesse sentido? Como poderiam mencionar os seus verdadeiros objetivos? A versão deles da guerra era pura fantasia e, dadas as circunstâncias, não poderia ser de outro modo.

A única linha de propaganda acessível aos nazistas e fascistas era a de se apresentarem como patriotas cristãos empenhados em salvar a Espanha de uma ditadura russa. Isso requeria fingir que a vida na Espanha republicana não passava de um longo massacre (veja o *Catholic Herald* ou o *Daily Mail* — mas estes eram brincadeiras de criança ao lado da imprensa fascista continental) e requeria exagerar tremendamente a escala da intervenção russa. Da imensa pirâmide de mentiras erguida pela imprensa católica e reacionária de todo o mundo, vou ressaltar um único ponto — a presença na Espanha de um exército russo. Todos os devotos adeptos de Franco estavam convencidos disso; as estimativas de tal força chegavam a meio milhão de homens. Ora, não havia nenhum exército russo na Espanha. Talvez um punhado de aviadores e outros técnicos, algumas centenas no máximo, mas certamente não um exército. Alguns milhares de estrangeiros que lutaram na Espanha, para não falar dos milhões de espanhóis, foram testemunhas disso. Bem, o testemunho deles não causou a menor impressão nos propagandistas de Franco, que nunca haviam posto os pés na Espanha republicana. Ao mesmo tempo essas pessoas se recusavam por completo a admitir a intervenção alemã ou italiana, e as imprensas alemã e italiana se vangloriavam abertamente das façanhas de seus "legionários". Embora tenha escolhido citar apenas um caso, na verdade toda a propaganda fascista sobre a guerra era nesse mesmo nível.

Para mim, isso é assustador, pois com frequência me dá a sensação de que o próprio conceito de verdade objetiva está desaparecendo do mundo. Afinal, as possibilidades são de que tais mentiras, ou então mentiras similares, vão acabar incorporadas à história. Como será escrita a história da Guerra Civil Espanhola? Se Franco permanecer no poder, os seus prepostos vão escrever os livros de história, e (para me ater ao caso mencionado) esse exército russo que nunca existiu vai se tornar um fato histórico, então a partir daí gerações de crianças vão aprender isso na escola. Porém, suponha que o fascismo seja afinal derrotado e que algum tipo de governo democrático seja restaurado na Espanha num futuro razoavelmente próximo; ainda assim, como será contada a história da guerra? Que tipo de registro será deixado para trás por Franco? Vamos supor até que os registros mantidos pelo governo sejam recuperáveis — mesmo assim, como será possível escrever uma história verídica da guerra? Pois, como disse, o governo também recorreu bastante às mentiras. A partir de uma perspectiva antifascista, daria para escrever uma história razoavelmente verídica do conflito, mas seria uma história tendenciosa, pouco confiável em todos os detalhes. Todavia, afinal, algum tipo de história vai ser escrito, e depois que aqueles que se recordam da guerra estiverem mortos, é isso o que vai ser universalmente aceito. Portanto, para todas as finalidades práticas, a mentira terá se transformado em verdade.

"O que distingue a nossa época é o abandono da ideia de que é possível escrever a história com veracidade"

de "Looking Back on the Spanish War" (1943)

Sei que está em voga dizer que, de qualquer modo, grande parte da história registrada não passa de mentiras. Estou disposto a aceitar que a história quase sempre é inexata e tendenciosa, mas o que distingue a nossa época é o abandono da ideia de que é possível escrever a história com veracidade. No passado, as pessoas mentiam descaradamente, ou inconscientemente falseavam o que escreviam, ou então se empenhavam em registrar a verdade, sabendo que iriam cometer muitos equívocos; porém, em todos esses casos, elas estavam convencidas de que os "fatos" existiam e eram mais ou menos passíveis de descoberta. E na prática sempre houve um corpo significativo de fatos reconhecíveis por quase todo mundo. Quando pesquisamos a história da última guerra, por exemplo na *Enciclopédia britânica*, constatamos que um volume considerável do material é extraído de fontes alemãs. Um historiador britânico e um alemão poderiam discordar de maneira acirrada sobre muitos pontos, mas ainda continuaria a existir esse corpo de, por assim dizer, fatos neutros, os quais nem um nem outro colocariam em dúvida. É exatamente essa base comum de concordância, com a implicação de que os seres humanos pertencem todos à mesma espécie animal, que acaba sendo destruída pelo totalitarismo. De fato, a teoria nazista nega especificamente a existência de algo denominado "a verdade". Não existe, por exemplo, algo que se chama "ciência". Há apenas a "ciência alemã", a "ciência judaica" etc. O objetivo implícito dessa linha de pensamento é um mundo de pesadelo no qual o Líder ou algum grupo dominante controla não só o futuro como também o passado. Se o Líder afirma que tal evento "nunca aconteceu" — bem, então nunca aconteceu. Se ele diz que dois mais dois são cinco — então dois mais dois são cinco. Essa perspectiva me apavora bem mais do que qualquer bomba — e, depois da nossa experiência dos últimos anos, não me parece que esta seja uma afirmação frívola.

Mas não é talvez um tanto infantil ou mórbido aterrorizar a si mesmo com visões de um futuro totalitário? Antes de descartar o mundo totalitário como um pesadelo que não pode se concretizar, cabe lembrar que em 1925 o mundo atual teria parecido na prática um pesadelo inconcebível. Contra esse mutável mundo fantasmagórico no qual amanhã o preto pode virar branco e o clima de ontem pode ser alterado por decreto, só existem na verdade duas garantias. A primeira é que, por mais que você negue a verdade, ela vai continuar a existir às suas costas, por assim dizer, e em consequência você não vai poder violentar tanto a verdade a ponto de prejudicar a eficiência militar. A outra é que, enquanto algumas regiões da Terra permanecerem invictas, a tradição liberal tem condições de se manter viva. Entretanto, se o fascismo, ou talvez uma mescla de vários fascismos, conquistar o mundo todo, então essas duas condições vão deixar de existir. Na Inglaterra menosprezamos o perigo desse tipo de coisa, pois as nossas tradições e a nossa segurança passada nos proporcionaram uma convicção sentimental de que tudo acaba bem no final e de que aquilo que mais se teme nunca acaba acontecendo.

Alimentados por séculos de uma literatura na qual o certo invariavelmente triunfa no último capítulo, acreditamos, de forma semi-instintiva, que o mal sempre acarreta a sua própria derrota no longo prazo. O pacifismo, por exemplo, baseia-se em grande parte nessa crença. Não resista ao mal, pois este vai de algum modo se destruir. Mas por que seria assim? Qual a evidência de que é isso o que acontece?

"Ao criminalizarem a escuta das transmissões radiofônicas aliadas, os alemães asseguraram que estas sejam aceitas como verídicas"

da resenha de *Voices in the Darkness: The Story of the European Radio War* [Vozes nas trevas: A história da guerra radiofônica na Europa], por Tangye Lean* (*Tribune*, 30 abr. 1943)

Quem já teve algo a ver com a propaganda dirigida aos países "amistosos" deve invejar o Serviço Europeu da BBC. Assim o jogo fica fácil! As pessoas que vivem sob ocupação estrangeira são necessariamente ávidas por notícias e, ao criminalizarem a escuta das transmissões radiofônicas aliadas, os alemães asseguraram que estas sejam aceitas como verídicas. Nisso, contudo, se resume a vantagem do Serviço Europeu da BBC. Caso seja sintonizado, vai contar com a confiança dos ouvintes, exceto talvez na própria Alemanha, mas a dificuldade está em ser

---

* Edward Tangye Lean (1911-74), irmão mais novo do diretor de cinema David Lean, fundador do clube Inklings em Oxford (do qual faziam parte Tolkien e C. S. Lewis) e, mais tarde, diretor do Serviço para o Exterior da BBC. (N. E.)

ouvido e, ainda mais, em saber o que dizer a essas pessoas. É desses obstáculos que trata principalmente o interessante livro do sr. Tangye Lean.

Antes de tudo, existem os obstáculos físicos e mecânicos. Nunca é muito fácil sintonizar uma estação estrangeira a menos que se conte com um receptor razoavelmente bom, e toda transmissão hostil tem a enorme desvantagem de que o seu horário e comprimento de onda não podem ser divulgados na imprensa. Mesmo na Inglaterra, onde não há nenhum tipo de proibição para a escuta, raros são aqueles que já ouviram falar das estações alemãs "livres", como são a New British e a Worker's Challenge. Além disso, há a interferência deliberada e, acima de tudo, há a Gestapo. Em toda a Europa, incontáveis pessoas foram detidas ou enviadas a campos de concentração, e algumas executadas, apenas por ouvirem a BBC. Nos países onde a vigilância é rigorosa, a única forma segura é ouvir as transmissões com fones de ouvido, os quais podem não estar disponíveis, e de qualquer modo é provável que a quantidade de aparelhos de rádio em funcionamento venha diminuindo por falta de peças de reposição. Tais dificuldades físicas por si mesmas levam à grande questão, apenas parcialmente solúvel, sobre aquilo que é seguro dizer. Se a sua audiência provável tem de arriscar o pescoço só para ouvi-lo, e também é obrigada a sintonizar o rádio, por exemplo, à meia-noite em algum celeiro cheio de frestas, ou a usar fones de ouvido sob as cobertas, o que vale mais a pena: transmitir propaganda, ou nada além de notícias "sérias"? Ou ainda: há alguma vantagem em difundir propaganda claramente provocatória entre pessoas que você não tem condições de ajudar em termos militares? Ou ainda: de um ponto de vista de propaganda, é melhor dizer a verdade ou disseminar rumores confusos e prometer tudo a todos? No caso de transmissões voltadas ao inimigo e não às populações conquistadas, a dúvida básica sempre fica entre adular e ameaçar. Tanto as rádios britânicas como as alemãs têm hesitado entre essas duas políticas. Por enquanto, no que se refere à veracidade das notícias, a BBC pode se comparar favoravelmente a qualquer rádio de um país não neutro. Quanto a outros pontos duvidosos, a sua política em geral resulta de um compromisso, por vezes um compromisso que junta o pior de ambos os mundos, mas resta pouca dúvida de que o conteúdo transmitido para a Europa tem um nível intelectual mais elevado do que o transmitido para outras regiões do mundo. Hoje, a BBC transmite em mais de trinta línguas europeias e em quase meia centena de línguas no total — uma tarefa complexa quando se lembra que, no caso da Inglaterra, todo o esforço da propaganda radiofônica para o exterior teve de ser improvisado a partir de 1938.

É bem provável que a seção mais proveitosa do livro do sr. Tangye Lean seja a meticulosa análise da campanha de rádio implementada pelos alemães durante a Batalha da França. Aparentemente, eles demonstraram uma extraordinária habilidade para mesclar a verdade e a falsidade, transmitindo notícias rigorosamente precisas de eventos militares, mas ao mesmo tempo difundindo rumores desatinados concebidos para provocar o pânico. No período da "guerra de mentira", os franceses enfrentaram a propaganda alemã sobretudo por meio da interferência nos sinais, um método ruim que ou não dá resultados ou, quando dá, deixa a impressão de que se está tentando esconder algo. No mesmo período, os alemães solaparam o moral do Exército francês por meio de bem concebidos programas radiofônicos, os quais proporcionavam às tropas entediadas entretenimento ligeiro e, ao mesmo tempo, instigavam a inveja franco-britânica e se aproveitavam do apelo demagógico do Pacto Nazi-Soviético. Quando as estações transmissoras francesas caíram em suas mãos, os alemães tinham prontos programas de propaganda e música preparados com muita antecedência — um detalhe de organização a ser levado em conta por todo exército invasor.

A Batalha da França correu tão bem para os alemães no sentido militar que podemos ficar tentados, ao ler o relato do sr. Tangye Lean, a sobrevalorizar o papel desempenhado pelo rádio na vitória deles. Uma questão que o sr. Tangye Lean menciona, mas sem discuti-la a fundo, é se em algum momento a propaganda alcança algo por si própria ou se apenas acelera processos em andamento. É mais provável este último caso, em parte porque o próprio rádio teve o efeito imprevisto de tornar a guerra um negócio mais verídico do que costumava ser. Exceto num país como o Japão, isolado pela localização remota e pelo fato de a população não ter aparelhos de ondas curtas, é muito difícil ocultar as más notícias, e quando se é razoavelmente verídico no âmbito interno é difícil dizer mentiras muito grandes para o inimigo. Vez por outra uma mentira oportuna (exemplos são as tropas russas que passaram pela Inglaterra em 1914 e a ordem do governo alemão para a matança de todos os cães em junho de 1940) pode produzir um efeito significativo, mas em geral a propaganda não tem como lutar contra os fatos, ainda que possa submetê-los a vieses e distorções. Evidentemente, não é vantajoso, por nenhuma duração, dizer uma coisa e fazer outra; foi o que demonstrou o fracasso da Nova Ordem alemã, para não citar exemplos mais próximos.

"Hitler pode dizer que os judeus começaram a guerra, e, se ele sobreviver, essa será a história oficial"

para Noel Willmett (18 maio 1944, datilografada)

10a Mortimer Crescent
Londres NW6

Caro sr. Willmett,

Muito grato por sua carta. O senhor pergunta se o totalitarismo, o culto ao líder etc. estão mesmo em ascensão e menciona o fato de que aparentemente não estão aumentando neste país e nos Estados Unidos.

Devo dizer que acredito — ou temo — que, considerando o mundo como um todo, esse tipo de coisa está aumentando. Sem dúvida, Hitler logo vai desaparecer, mas só à custa do fortalecimento de

a) Stálin, b) dos milionários anglo-americanos, e c) de toda espécie de pequenos *Führers* à semelhança de De Gaulle. Todos os movimentos nacionais, mesmo os que têm origem na resistência à dominação alemã, parecem assumir formas não democráticas, agrupando-se ao redor de um *Führer* sobre-humano (Hitler, Stálin, Salazar, Franco, Gandhi, De Valera são exemplos variados) e adotando a teoria de que o fim justifica os meios. Por todo o mundo, o movimento parece ser na direção de economias centralizadas que podem "funcionar" em termos econômicos, mas que não são organizadas democraticamente e tendem a instaurar um sistema de castas. O complemento disso são os horrores do nacionalismo passional e a tendência a duvidar da existência da verdade objetiva, porque todos os fatos têm de se encaixar nas palavras e nas profecias de um *Führer* infalível. Em certo sentido, a história deixou de existir, isto é, não há mais uma coisa como uma história da nossa época que possa ser universalmente aceita, e as ciências exatas correm perigo assim que a necessidade militar deixa de manter as pessoas em condições aceitáveis. Hitler pode dizer que os judeus começaram a guerra, e, se ele sobreviver, essa será a história oficial. Ele não pode dizer que dois mais dois são cinco porque, para os objetivos, por exemplo, da balística, dois mais dois têm de ser quatro. Porém, se vier o tipo de mundo que temo, um mundo com dois ou três imensos super-Estados incapazes de conquistar uns aos outros, dois mais dois poderiam ser cinco, caso assim o queira o *Führer*. E essa, até onde consigo vislumbrar, é a direção na qual estamos efetivamente nos movendo, embora, é claro, o processo seja reversível.

[…]

Sinceramente,
[assinado] Geo. Orwell
George Orwell

"Nos dizem que só importam as ações objetivas das pessoas"

de "As I Please" [Como eu quiser]
(*Tribune*, 8 dez. 1944)

Há muitos anos já, sou um diligente colecionador de panfletos e um leitor razoavelmente constante de todas as variedades de literatura política. O que me impressiona cada vez mais — e impressiona muitas outras pessoas também — são a extraordinária virulência e a desonestidade do debate político em nossa época. Não quero dizer com isso apenas que as controvérsias são cáusticas. Elas têm de ser assim quando se trata de questões sérias. Estou me referindo ao fato de que quase ninguém parece convencido de que um oponente merece ser ouvido com isenção ou que a verdade objetiva importa, a menos que seja para marcar pontos na discussão. Quando repasso a minha coleção de panfletos — conservadores, comunistas, trotskistas, pacifistas, anarquistas ou o que for —, o que chama a atenção é que quase todos partilham da mesma atmosfera mental, ainda que com ênfase variada. Ninguém busca a verdade, todos estão defendendo uma "causa", com total desconsideração pela imparcialidade ou pela veracidade, e os fatos mais patentemente óbvios acabam ignorados por quem não quer saber deles. Os mesmos truques de propaganda são encontrados por quase toda parte. Seriam necessárias muitas páginas deste jornal apenas para classificá-los, mas ressalto aqui um hábito controverso muito difundido — desconsiderar os motivos do oponente. A palavra-chave aqui é "objetivamente".

Nos dizem que só importam as ações objetivas das pessoas, e que as suas atitudes subjetivas são irrelevantes. Assim, os pacifistas, ao obstruírem o esforço de guerra, estão "objetivamente" ajudando os nazistas: desse modo, pouco importa que talvez, no nível pessoal, eles sejam hostis ao fascismo. Eu mesmo sou culpado de afirmar isso mais de uma vez. O mesmo argumento se aplica aos trotskistas. Muitas vezes, estes são tachados, ao menos pelos comunistas, de serem agentes ativos e deliberados de Hitler; mas, quando se apontam as inúmeras e óbvias razões pelas quais é improvável que isso seja verdade, volta à berlinda a conversa do "objetivamente". Criticar a União Soviética é favorecer Hitler, portanto "trotskismo é fascismo". E quando isso fica estabelecido, a acusação de traição proposital costuma ser reiterada.

Isso não é apenas desonesto; também implica consequências graves. Quando se desconsideram os motivos das pessoas, fica muito mais difícil prever como elas vão agir. Pois existem ocasiões em que até mesmo a pessoa mais equivocada pode se dar conta das consequências de seus atos. Eis uma ilustração grosseira mas bastante plausível: um pacifista desempenha uma função que lhe dá acesso a uma importante informação militar e, por isso, é abordado por um agente secreto alemão. Em tal circunstância, faz muita diferença a sua atitude subjetiva. Se é subjetivamente favorável aos nazistas, ele vai trair o seu país, o que não se daria no caso contrário. E situações bastante similares, ainda que menos dramáticas, surgem a todo momento.

Na minha opinião, alguns poucos pacifistas são intimamente pró-nazistas, e é inevitável que partidos de extrema esquerda abriguem espiões fascistas. O mais importante é descobrir quais indivíduos são honestos e quais são desonestos, e a costumeira acusação generalizada só torna isso mais difícil. A atmosfera de ódio em que se conduz a controvérsia ofusca as pessoas para as considerações desse tipo. Admitir que um oponente possa ser tanto honesto como inteligente é visto como algo intolerável. Bem mais satisfatório, em termos imediatos, é gritar que ele não passa de tolo ou canalha, ou ambos, do que descobrir o que ele é de fato. Esse hábito mental, entre outras coisas, é o que torna a previsão política tão extraordinariamente ineficaz em nossa época.

"Não se deve confundir nacionalismo com patriotismo"

de "Notes on Nationalism" [Notas sobre o nacionalismo] (*Polemic*, [out.] 1945)

Por "nacionalismo" entendo, antes de tudo, o hábito de supor que os seres humanos podem ser classificados como insetos, e que blocos inteiros de milhões e dezenas de milhões de pessoas podem ser confiantemente rotulados de "bons" ou "maus". Em segundo lugar — e isso é bem mais importante —, me refiro ao hábito de a pessoa se identificar com uma só nação ou outra unidade, colocando-a acima do bem e do mal e ignorando qualquer outro dever além daquele que visa promover os seus interesses. Não se deve confundir nacionalismo com patriotismo. Ambos os termos normalmente são empregados de forma tão vaga que qualquer definição é passível de ser contestada, mas é preciso traçar uma distinção entre eles, pois aí estão implicadas duas ideias distintas e até opostas. Por "patriotismo", estou me referindo à devoção a determinado local e a determinado modo de vida que, mesmo quando se acredita que sejam os melhores do mundo, não se tem vontade de os impor aos outros. Por sua própria natureza, o patriotismo é defensivo, em termos tanto militares como culturais. De outro lado, o nacionalismo é inseparável da avidez pelo poder. O objetivo permanente de todo nacionalista é obter mais poder e mais prestígio, não para si mesmo, mas para a nação ou outra entidade na qual escolheu incorporar a própria individualidade.

[...] O nacionalismo, na acepção ampla em que emprego o termo, inclui movimentos e tendências como o comunismo, o sionismo, o antissemitismo, o trotskismo e o pacifismo. Ele não implica necessariamente lealdade a um governo ou a um país, ainda menos ao próprio país da pessoa, e tampouco é estritamente necessário que existam de fato as entidades a que se refere. Para citar exemplos óbvios, o Povo Judeu, o Islã, a Cristandade, o Proletariado e a Raça Branca são todos objetos de uma passional convicção nacionalista, mas a existência dessas entidades pode ser seriamente contestada, e de nenhuma delas há definição que seja universalmente aceita.

[...] Para aqueles que se importam mesmo com a política contemporânea, certos temas se tornaram tão infectados por questões de prestígio a ponto de impossibilitar que sejam abordados de forma genuinamente racional. Dentre as centenas de exemplos que poderiam ser mencionados, basta este: dos três Aliados — a União Soviética, a Grã-Bretanha e os Estados Unidos —, qual contribuiu mais para a derrota da Alemanha? Em princípio, deveria ser possível dar a essa questão uma resposta ponderada e talvez até conclusiva. Na prática, contudo, não há como realizar os cálculos necessários, pois provavelmente qualquer um que se empenhe em resolver tal questão acabaria, de forma inevitável, por considerá-la em termos de prestígio competitivo. Começaria, portanto, por decidir em favor da Rússia, da Inglaterra ou dos Estados Unidos, seja qual for o caso, e só depois passaria a buscar os argumentos que parecessem sustentar o seu caso. E existem sequências inteiras de indagações similares às quais só se pode obter uma resposta honesta de alguém que seja indiferente a todo o tema, e cuja opinião sobre este é, de qualquer modo, provavelmente imprestável. Disso decorre, em parte, o extraordinário fracasso das previsões políticas e militares na atualidade. É curioso refletir que, dentre os "especialistas" de todas as escolas, não houve um único capaz de prever um evento tão provável como o Pacto Nazi-Soviético de 1939.* E, quando circularam as notícias do Pacto, as explicações mais estapafúrdias foram propostas, e se fizeram previsões que se comprovaram erradas quase de imediato, tendo como base quase sempre não um estudo de probabilidades, mas um desejo de mostrar a União Soviética como boa ou ruim, forte ou fraca. Comentaristas políticos ou militares, assim como os astrólogos, podem sobreviver a quase qualquer erro, pois os seus seguidores mais dedicados não esperam deles uma avaliação dos fatos, e sim a instigação de lealdades nacionalistas. **E os juízos estéticos, em espe-

---

* Uns poucos autores de propensão conservadora, como Peter Drucker, previram um entendimento entre a Alemanha e a Rússia, mas anteviam uma aliança ou amálgama efetivos de caráter permanente. Nenhum escritor marxista ou esquerdista, de qualquer tendência, chegou perto de prever o Pacto.

** Os comentaristas de assuntos militares na imprensa popular podem quase todos ser classificados como pró-Rússia ou anti-Rússia, pró-reacionários ou antirreacionários. Equívocos como a crença de que a Linha Maginot era inexpugnável, ou a previsão de que a

cial os literários, com frequência são tão corrompidos quanto os juízos políticos. Seria difícil para um nacionalista indiano desfrutar da leitura de Kipling ou para um conservador ver algum mérito em Maiakóvski, sempre existindo a tentação de alegar que todo livro cuja tendência nos desagrada deve ser ruim de um ponto de vista *literário*. As pessoas com propensão acentuadamente nacionalista muitas vezes recorrem a esse truque de prestidigitação sem se darem conta de sua desonestidade.

Rússia conquistaria a Alemanha em três meses, não conseguiram abalar a reputação deles, porque sempre estavam dizendo o que as próprias audiências particulares queriam ouvir. Os dois críticos militares mais valorizados pela intelligentsia são o capitão Liddell Hart e o major-general Fuller, sendo que o primeiro prega que a defesa é melhor do que o ataque, e o segundo, que o ataque é melhor que a defesa. Tal contradição não impediu que ambos fossem aceitos como autoridades pelo mesmo público. O motivo secreto por estarem em voga nos círculos esquerdistas é que ambos estão em desacordo com o Ministério da Guerra.

"Indiferença à realidade"

de "Notes on Nationalism" (*Polemic*, [out.] 1945)

Indiferença à realidade. Todos os nacionalistas têm a capacidade de não distinguir semelhanças entre conjuntos similares de fatos. Um conservador britânico vai defender a autodeterminação na Europa e se opor a ela na Índia, sem nenhum sentimento de incoerência. Os atos são considerados bons ou ruins não por seus méritos, mas de acordo com aqueles que os praticam, e não há quase nenhum tipo de atrocidade — tortura, tomada de reféns, trabalho forçado, deportação em massa, prisão sem julgamento, falsificação, assassinato, bombardeio de civis — que não altere o seu viés moral quando cometido pelo "nosso" lado. O jornal liberal *News Chronicle* publicou, como exemplo de barbaridade chocante, fotos de russos enforcados pelos alemães, e então, um ou dois anos depois, estampou com aprovação calorosa fotos quase idênticas de alemães enforcados pelos russos.* O mesmo se dá com eventos históricos. A história é concebida em grande parte segundo termos nacionalistas, e coisas como a Inquisição, as torturas do tribunal da Star Chamber, as façanhas dos bucaneiros ingleses (de Sir Francis Drake, por exemplo, que costumava afogar os prisioneiros espanhóis), o Terror jacobino, os heróis da Revolta dos Sipaios despedaçando centenas de indianos amarrados na boca dos canhões, ou os soldados de Cromwell cortando com navalha o rosto das irlandesas, acabam por se tornar moralmente neutros ou mesmo meritórios quando se sente que foram cometidos pela causa "certa". Se examinarmos em retrospecto o último quarto de século, constatamos que mal se passou um ano sem relatos de atrocidades em alguma parte do mundo: e, no entanto, em

---

* O *News Chronicle* aconselhou os leitores a assistirem ao cinejornal para ver em detalhes toda a execução. Com aparente aprovação, o *Star* publicou fotos de colaboracionistas quase nuas sendo assediadas por multidões em Paris. Essas fotos tinham uma acentuada semelhança com as fotos nazistas de judeus sendo assediados por hordas em Berlim.

nenhum caso tais atrocidades — na Espanha, na Rússia, na China, na Hungria, no México, em Amritsar, em Esmirna — foram reconhecidas e condenadas pela intelligentsia inglesa como um todo. Se tais atos eram repreensíveis, ou mesmo se haviam ocorrido de fato, sempre acabava decidido em conformidade com a predileção política.

Não só o nacionalista deixa de condenar as atrocidades cometidas por seu próprio lado, como também adquire a notável capacidade de nem mesmo tomar conhecimento delas. Durante uns bons seis anos, os admiradores ingleses de Hitler conseguiram não ouvir nada acerca de Dachau e Buchenwald. E aqueles mais veementes na denúncia dos campos de concentração alemães muitas vezes se mostram bastante inconscientes, ou apenas muito pouco conscientes, de que também existem campos de concentração na Rússia. Eventos tremendos como a fome na Ucrânia em 1933, causando a morte de milhões de pessoas, na realidade escaparam à atenção da maioria dos ingleses russófilos. Muita gente na Inglaterra não soube quase nada sobre o extermínio dos judeus alemães e poloneses durante a atual guerra. O seu próprio antissemitismo fez com que esse crime incomensurável mal lhe tocasse a consciência. No pensamento nacionalista, existem fatos que são ao mesmo tempo verdadeiros e falsos, conhecidos e desconhecidos. Um fato conhecido pode ser de tal modo insuportável que ele costuma ser colocado de lado e impedido de ser levado em conta em reflexões lógicas, ou, por outro lado, pode ser incorporado em todos os cálculos e, ainda assim, nunca ser reconhecido como fato, mesmo pela própria pessoa.

Todo nacionalista é assombrado pela convicção de que o passado pode ser alterado. Ele vive parte do tempo num mundo de fantasia no qual as coisas ocorrem como deveriam — no qual, por exemplo, a Armada espanhola foi bem-sucedida ou a Revolução Russa foi esmagada em 1918 — e, sempre que possível, ele vai transferir fragmentos desse mundo para os livros de história. Muitos dos escritos propagandísticos da nossa época não passam de meras invenções. Fatos concretos são suprimidos, datas, alteradas, citações, retiradas do contexto e adulteradas de modo a mudar o seu significado. Aqueles eventos que se considera que não deveriam ter ocorrido deixam de ser mencionados e são até negados.* Em 1927, Chiang Kai-shek ordenou que centenas de comunistas fossem fervidos vivos; mesmo assim, dez anos depois ele virou um dos heróis da esquerda. O realinhamento da política mundial o aproximara do campo antifascista, e por isso se achou que o cozimento dos comunistas "não contava", ou, talvez, que nem mesmo tivesse ocorrido. Claro que o principal objetivo da propaganda é influenciar a opinião contemporânea, mas aqueles que reescrevem a história provavelmente se convenceram, ao menos em parte, de que estão incorporando fatos ao passado. Quando se consideram as requintadas falsificações empregadas para mostrar que Trótski não teve participação relevante na guerra civil russa, não dá para achar que os responsáveis estavam apenas mentindo. O mais provável é estarem convictos de que a versão deles efetivamente ocorreu aos olhos de Deus, justificando o rearranjo dos documentos nesse sentido. A indiferença à verdade objetiva é estimulada pelo isolamento de uma parte do mundo em relação a outra,

---

* Um exemplo é o Pacto Nazi-Soviético, que está sendo apagado tão rápido quanto possível da memória pública. Um correspondente russo me informa que as menções ao Pacto já vêm sendo omitidas dos livros russos que tratam dos acontecimentos políticos recentes.

o que torna ainda mais difícil descobrir o que de fato está acontecendo. Com frequência ocorrem dúvidas genuínas acerca dos eventos mais colossais. Por exemplo, não dá para calcular, mesmo com margem de erro de milhões, ou de dezenas de milhões, o número de mortes causadas pela guerra atual. As calamidades que estão constantemente sendo divulgadas — batalhas, massacres, fomes, revoluções — tendem a incutir nas pessoas médias um sentimento de irrealidade. Não há como comprovar os fatos, nem mesmo é possível ter plena certeza de que ocorreram, pois sempre deparamos com interpretações completamente diferentes vindas de fontes diversas. Quais foram os acertos e os erros do levante de Varsóvia em agosto de 1944? O que há de verdade a respeito das câmaras de gás alemãs na Polônia? Quem, na verdade, foi o responsável pela fome em Bengala em 1943? Por mais que um dia seja possível estabelecer a verdade, os fatos são apresentados com tanta desonestidade em quase todos os jornais que podemos desculpar o leitor comum, seja por engolir as mentiras, seja por não conseguir formar uma opinião. A incerteza generalizada diante do que está ocorrendo de fato torna mais fácil a adesão a crenças lunáticas. Uma vez que nada jamais é comprovado ou refutado, o fato mais inequívoco pode ser negado descaradamente. Além disso, embora sempre preocupado com o poder, a vitória, a derrota e a vingança, o nacionalista costuma exibir certa falta de interesse pelo que acontece no mundo real. O que ele quer mesmo é *sentir* que a sua própria entidade está sobrepujando outra entidade, e isso ele faz com mais facilidade ao ridicularizar o adversário, em vez de examinar os fatos para constatar se eles o apoiam. Toda controvérsia nacionalista se dá no nível de uma sociedade de debates. Sempre resulta inconclusiva por completo, uma vez que cada debatedor invariavelmente acredita ter obtido a vitória. Alguns nacionalistas não estão distantes da esquizofrenia, vivendo tão contentes entre sonhos de poder e conquista que não têm a menor ligação com o mundo físico.

"Tática, camaradas, tática!"

de A *revolução dos bichos* (1945)

No terceiro domingo após a expulsão de Bola--de-Neve, os bichos ficaram muito surpresos ao ouvir Napoleão anunciar que o moinho de vento seria finalmente construído. Napoleão não deu nenhuma explicação sobre o motivo que o fizera mudar de ideia, apenas alertando os animais de que essa tarefa extraordinária significaria trabalho mais duro, podendo até ser necessário reduzirem-se as rações. [...]

Naquela tarde, Garganta explicou aos outros bichos, em particular, que Napoleão nunca fora contra a construção do moinho de vento. Pelo contrário, ele é que advogara a ideia desde o início, e o projeto que Bola-de-Neve havia desenhado no assoalho do galpão das incubadoras fora, na realidade, roubado de entre os papéis de Napoleão. O moinho de vento era, na verdade, criação do próprio Napoleão. Por que, então, perguntou alguém, ele falou tanto contra o moinho? Garganta olhou, manhoso. Aí é que estava a esperteza do Camarada Napoleão, disse. Ele *fingira* ser contra o moinho de vento, apenas como manobra para livrar-se de Bola-de-Neve, que era um péssimo caráter e uma influência perniciosa. Agora que Bola-de-Neve saíra do caminho, o projeto podia prosseguir sem a sua interferência. Isso, disse Garganta, era uma coisa chamada tática. Repetiu inúmeras vezes: "Tática, camaradas, tática!", saltando à roda e sacudindo o rabicho, com um riso jovial. Os bichos não estavam muito certos do significado da palavra, mas Garganta falava de modo tão persuasivo, e três cachorros — que por coincidência estavam com ele — rosnavam tão ameaçadores que eles aceitaram a explicação sem mais perguntas.

"Sem dúvida, antigamente era muito pior"

de A *revolução dos bichos* (1945)

O inverno foi tão frio quanto o anterior, e a quantidade de alimento, ainda menor. Novamente reduziram-se todas as rações, exceto as dos porcos e dos cachorros. Uma igualdade por demais rígida em matéria de rações, explicou Garganta, seria contrária ao espírito do Animalismo. De qualquer maneira, não teve dificuldade de provar aos outros bichos que na realidade eles *não* sentiam falta de comida, a despeito das aparências. Naquele momento, de fato, fora necessário realizar um reajuste das rações (Garganta sempre se referia a "reajustes", nunca a "reduções"), mas em comparação com o tempo de Jones, a diferença para melhor era enorme. Lendo os dados estatísticos em voz aguda e rápida, provou-lhes, com riqueza de detalhes, que eles recebiam mais aveia, mais feno e mais nabos que na época de Jones; que trabalhavam muito menos; que a água potável era de melhor qualidade; que viviam mais tempo; que havia mais palha nas baias; e que as pulgas já não incomodavam tanto. Os animais acreditavam em cada palavra. Para falar a verdade, tanto Jones como tudo quanto ele representava já estavam quase apagados de sua memória. Sabiam que a vida estava difícil e cheia de privações, que andavam constantemente com frio e com fome e trabalhando sempre que não estavam dormindo. Mas, sem dúvida, antigamente era muito pior. Gostavam de achar isso. Além do mais, naqueles dias eram escravos, ao passo que agora eram livres; e tudo isso, afinal, fazia diferença, como Garganta sempre dizia.

"Montanha de Açúcar-Cande"

de A *revolução dos bichos* (1945)

Em meio ao verão, Moisés, o corvo, reapareceu inesperadamente na granja, após uma ausência de vários anos. Continuava o mesmo, não trabalhava e contava as histórias de sempre a respeito da Montanha de Açúcar-Cande. [...]

"Lá em cima, camaradas", dizia solenemente, apontando o céu com a bicanca, "lá em cima, pouco além daquela nuvem preta, ali está ela, a Montanha de Açúcar-Cande, o lugar feliz onde nós, pobres animais, descansaremos para sempre desta nossa vida de trabalho."

Chegava a afirmar ter estado lá, num dos seus voos mais altos, e ter visto os infindos campos de trevo, os bolos de linhaça e o açúcar crescendo nas sebes. Muitos bichos acreditavam. A vida atualmente era só fome e trabalho, raciocinavam; não seria justo que lhes estivesse reservado um mundo melhor, mais além? Coisa difícil de determinar era a atitude dos porcos com relação a Moisés. Eles afirmavam peremptoriamente que as histórias sobre a Montanha de Açúcar-Cande não passavam de pura mentira; no entanto, deixavam-no permanecer na granja, sem trabalhar, e ainda por cima com direito a um copo de cerveja por dia.

"Mencionei a reação que colhi junto a um importante funcionário do Ministério da Informação quanto a *A revolução dos bichos*"

de "Publicação de A *revolução dos bichos*;
'A liberdade da imprensa'" (Londres, 17 ago. 1945;
Nova York, 26 ago. 1946)

Este livro começou a ser concebido, ou pelo menos sua ideia central, em 1937, mas só comecei a escrevê-lo no final de 1943. Quando finalmente terminei, ficou óbvio que seria muito difícil publicá-lo (apesar da escassez corrente de livros, graças à qual qualquer coisa que se possa descrever como um livro acaba "vendendo"), e de fato ele acabou sendo recusado por quatro editores. Só um deles tinha alguma motivação ideológica. Dois outros vinham publicando livros antirrussos há muitos anos, e o outro não tinha nenhuma coloração política perceptível. Na verdade um dos editores primeiro aceitou o livro, mas depois dos acertos preliminares decidiu consultar o Ministério da Informação, que parece ter se manifestado contrário à publicação, ou pelo menos energicamente alarmado com ela. Eis um trecho de sua carta:

> Mencionei a reação que colhi junto a um importante funcionário do Ministério da Informação quanto a *A revolução dos bichos*, e devo confessar que a opinião que ele manifestou me fez pensar muito seriamente [...] Agora vejo o quanto a publicação do livro no momento atual pode ser considerada de extrema inconveniência. Se a fábula tratasse de ditadores e ditaduras em geral, não haveria problema em publicá-la, mas ela, como agora entendi, corresponde tão completamente aos fatos ocorridos na Rússia soviética e a seus dois ditadores que só pode se aplicar à Rússia, excluindo as demais ditaduras. Outra coisa: seria menos ofensivo se a casta predominante na fábula não fosse a dos porcos.* Creio que a escolha dos porcos para a casta governante irá certamente ofender muita gente, em especial as pessoas mais suscetíveis, como sem dúvida é o caso dos russos.

---

* Não ficou muito claro se esta modificação foi sugerida por ideia do próprio senhor… ou se veio do Ministério da Informação, mas pelo tom eu diria que tem origem oficial. [Nota de Orwell].

Esse tipo de coisa não é um bom sintoma. Obviamente, não desejamos que nenhum departamento do governo tenha poder de censura (exceto a censura de segurança nacional, a que ninguém se opõe em tempo de guerra) sobre livros que nem contam com patrocínio oficial. Mas aqui o principal atentado contra a liberdade de pensamento e de expressão não é a interferência direta do ministério ou de qualquer outro organismo oficial. Se os donos e diretores das editoras se empenham em manter certos tópicos longe da página impressa, não é porque tenham medo de processos judiciais, mas porque temem a opinião pública. Neste país, a covardia intelectual é o pior inimigo que um escritor ou jornalista precisa enfrentar, e esse fato não me parece estar sendo tão discutido quanto mereceria.

Qualquer pessoa equilibrada com experiência jornalística admitirá que, durante esta guerra, a censura oficial não tem sido especialmente incômoda na Inglaterra. Não fomos submetidos ao tipo de "coordenação" totalitária que seria até razoável esperar. A imprensa tem algumas queixas justificáveis, mas no geral o governo vem se comportando bem, demonstrando uma surpreendente tolerância em relação às opiniões minoritárias. O pior da censura literária na Inglaterra é que em grande parte ela é voluntária. Ideias impopulares podem ser silenciadas, e fatos inconvenientes podem ser mantidos à sombra, sem a necessidade de nenhuma proibição oficial. Qualquer pessoa que tenha passado algum tempo num país estrangeiro conhecerá muitos casos em que notícias sensacionalistas — notícias que, por seus próprios méritos, fariam manchete — são mantidas fora da imprensa britânica não por causa de alguma intervenção do governo, mas devido a um acordo tácito generalizado segundo o qual "não convinha" mencionar aquele fato em particular. No que se refere aos jornais diários, isso é fácil de entender. A imprensa britânica é altamente centralizada, e quase toda controlada por homens ricos que têm todos os motivos para se mostrar desonestos em relação a certas questões fundamentais. Mas o mesmo tipo de censura velada também afeta livros e periódicos, além de peças teatrais, filmes e a programação do rádio. Em qualquer momento dado, existe uma ortodoxia, um corpo de ideias que, supostamente, todas as pessoas bem-pensantes aceitarão sem questionar. Não é exatamente proibido dizer isto ou aquilo, mas dizê-lo é uma coisa que "não se faz", assim como na era vitoriana falar de roupas de baixo na presença de uma senhora era coisa que "não se fazia". Qualquer um que desafie a ortodoxia predominante se vê silenciado com uma eficácia surpreendente. Uma opinião genuinamente destoante quase nunca recebe a atenção devida, nem na imprensa popular, nem nos periódicos mais intelectualizados.

No momento atual, o que a ortodoxia predominante exige é uma admiração acrítica da Rússia soviética. Todo mundo sabe disso, e quase todo mundo age de acordo. Qualquer crítica séria ao regime dos sovietes, qualquer revelação de fatos que o governo soviético prefira manter oculto são coisas praticamente impublicáveis. E essa conspiração de alcance nacional destinada a agradar nossa aliada ocorre, o que é muito curioso, contra um fundo de autêntica tolerância intelectual. Porque, embora não lhe seja permitido criticar o governo soviético, pelo menos temos uma razoável liberdade para criticar o nosso. Quase ninguém publicaria um ataque a Stálin, mas não há o menor problema em atacar Churchill, pelo menos por escrito, em livros ou revistas. E ao longo de cinco anos de guerra, durante dois ou três dos quais lutamos pela sobrevivência nacional, inúmeros livros, panfletos e artigos defendendo uma paz negociada com o inimigo foram publicados sem nenhuma interferência. E mais, foram publicados sem despertar muita reprovação. Contanto que o prestígio da União das Repúblicas Socialistas Soviéticas não esteja envolvido, o princípio da liberdade de expressão tem sido razoavelmente respeitado. Existem assuntos proibidos, e falarei em seguida de alguns, mas a atitude dominante em relação à URSS é de longe o mais sério dos sintomas. É por assim dizer espontânea, e não se deve à atividade de nenhum grupo de pressão.

"Todo mundo deve ter direito a sua opinião"

de "Publicação de A *revolução dos bichos*; 'A liberdade da imprensa'" (Londres, 17 ago. 1945; Nova York, 26 ago. 1946)

A questão em jogo aqui é muito simples: será que qualquer opinião, por mais impopular — por mais estúpida, até — que seja, tem o direito de ser difundida? Formule-se a questão dessa maneira, e qualquer intelectual inglês se sentirá obrigado a responder que sim. Mas quando ela se reveste de uma forma concreta, e alguém pergunta: "E que tal, por exemplo, um ataque a Stálin? Tem direito de ser difundido?", a resposta quase sempre será não. Neste caso, o que ocorre é um desafio à ortodoxia corrente, de maneira que o princípio da liberdade de expressão deixa de funcionar. Quando alguém defende a liberdade de expressão e de imprensa, não está reivindicando uma liberdade absoluta. Enquanto existirem sociedades organizadas, sempre deve existir, ou pelo menos sempre haverá de existir, algum grau de censura. Mas a liberdade, como disse Rosa Luxemburgo, é a "liberdade para o outro". O mesmo princípio contido nas famosas palavras de Voltaire: "Detesto cada palavra que o senhor diz, mas defenderei até a morte seu direito de dizê-las". Se existe algum significado na liberdade do intelecto, que, sem dúvida, tem sido uma das marcas da civilização ocidental, é que cada um tem o direito de dizer e escrever o que julga ser verdade, contanto que aquilo que diz ou escreve não seja inequivocamente nocivo para o restante da comunidade. Até há pouco, tanto a democracia capitalista quanto as versões ocidentais do socialismo respeitavam tacitamente esse princípio. Nosso governo, como já afirmei, ainda age como se respeitasse. As pessoas comuns — em parte talvez por não se interessarem pelas ideias a ponto de se mostrarem intolerantes quanto a elas — ainda defendem vagamente que "todo mundo deve ter direito a sua opinião". Quem começa a desprezar a liberdade, tanto na teoria quanto na prática, é só, ou principalmente, a intelligentsia literária e científica, exatamente aqueles que deveriam ser seus maiores guardiães.

"Os inimigos da liberdade intelectual sempre tentam apresentar o seu argumento como uma demanda pela disciplina em detrimento do individualismo"

de "The Prevention of Literature" [A prevenção contra a literatura] (*Polemic*, jan. 1946; *The Atlantic Monthly*, mar. 1947)

Hoje, a ideia de liberdade intelectual está sofrendo ataques vindos de duas direções. De um lado, estão os seus inimigos teóricos, os apologistas do totalitarismo; de outro, os seus inimigos imediatos e práticos, o monopólio e a burocracia. Qualquer escritor ou jornalista disposto a preservar a própria integridade acaba frustrado mais pelo curso geral da sociedade do que por uma perseguição ativa. O tipo de obstáculos que tem de enfrentar são a concentração da imprensa nas mãos de alguns indivíduos abastados, a força do monopólio sobre o rádio e os filmes, a relutância do público em gastar dinheiro com livros, o que obriga quase todo autor a obter parte de sua renda com trabalhos mercenários, a intromissão de organismos oficiais como o Ministério da Informação e o Conselho Britânico, que ajudam os escritores a se manterem vivos, mas também desperdiçam o tempo deles e prescrevem as suas opiniões, e a contínua atmosfera de guerra dos últimos dez anos, de cujos efeitos distorcivos ninguém escapou. Em nossa época, tudo conspira para transformar o escritor, bem como os outros tipos de artista, num funcionário subalterno, debruçado sobre temas impostos, e jamais expressando o que lhe parece ser toda a verdade. Porém, ao lutar contra esse destino, ele não conta com a ajuda de seu próprio lado: isto é, não existe um corpo amplo de opinião que lhe assegure estar certo. No passado, ao menos durante os séculos do protestantismo, a ideia de rebelião e a ideia de integridade intelectual estiveram mescladas. Um herege — político, moral, religioso ou estético — era alguém que se recusava a violentar a sua própria consciência. O seu perfil foi resumido nas palavras de um hino evangélico:

Ouse ser um Daniel,
Ouse ficar sozinho;
Ouse ter um propósito firme,
Ouse torná-lo conhecido.

De modo a atualizar esse hino, teríamos de acrescentar um "Não" no início de cada verso. Pois uma peculiaridade da nossa época é que os rebeldes contra a ordem existente, ao menos os mais numerosos e característicos, também estão se rebelando contra a ideia de integridade individual. "Ousar ficar sozinho" é tão criminoso em termos ideológicos como perigoso em termos práticos. A independência do escritor e do artista é corroída por vagas forças econômicas, e ao mesmo tempo solapada por aqueles que a deveriam defender. É este último processo que me interessa.

A liberdade de expressão e a de imprensa costumam ser atacadas com argumentos que nem vale a pena discutir. Quem já frequentou palestras e debates os conhece de cabo a rabo. Aqui não estou procurando tratar da alegação usual de que a liberdade é uma ilusão, ou da de que há mais liberdade nos países totalitários do que nos democráticos, mas sim da proposição muito mais defensável e perigosa de que a liberdade é indesejável, e a honestidade intelectual, uma forma de egoísmo antissocial. Embora outros aspectos da questão estejam comumente na berlinda, a controvérsia sobre a liberdade de expressão e de imprensa é, no fundo, sobre a conveniência ou não de contar mentiras. O ponto crucial é o direito de relatar os eventos contemporâneos de forma verídica, ou de forma tão verídica quanto é compatível com a ignorância, o viés e o autoengano que afetam necessariamente todo observador. Ao dizer isso, talvez dê a impressão de que estou afirmando que a "reportagem" estrita é o único ramo da literatura que importa: mais adiante, porém, tento mostrar que, em cada nível literário, e provavelmente em cada uma das artes, a mesma questão se manifesta de forma mais ou menos sutil. Entretanto, precisamos descartar tudo o que de irrelevante costuma acompanhar essa controvérsia.

Os inimigos da liberdade intelectual sempre tentam apresentar o seu argumento como uma demanda pela disciplina em detrimento do individualismo. A questão da verdade contraposta à não verdade é relegada, tão longe quanto possível, ao fundo. Ainda que com ênfase variada, o escritor que se recusa a vender as suas opiniões sempre é tachado de mero egoísta. Ou melhor, é acusado, seja de querer se encerrar numa torre de marfim, seja de apresentar de forma exibicionista a própria personalidade, ou, ainda, de resistir à inevitável correnteza da história no afã de se agarrar a privilégios injustificados. Católicos e comunistas agem da mesma forma ao supor que os seus oponentes não podem ser sinceros nem inteligentes. Ambos reivindicam tacitamente uma "verdade" já revelada, e que o herege, quando não passa de um tolo, está secretamente consciente dessa "verdade" e apenas resiste a ela por motivos egoístas. Na literatura comunista, o ataque à liberdade individual costuma ser mascarado pela oratória acerca do "individualismo pequeno-burguês", "as ilusões do liberalismo do século XIX" etc. e reforçado com insultos como "romântica" e "sentimental", os quais, como não têm nenhum significado consensual, são difíceis de serem contestados. Pode-se aceitar, como faz a maioria das pessoas esclarecidas, a tese comunista de que a liberdade pura só existe numa sociedade sem classes, e que o mais próximo que se pode chegar da liberdade é pelo esforço para trazer à luz essa sociedade. Todavia, mesclada a isso há a alegação infundada de que o próprio Partido Comunista tem como objetivo o estabelecimento da sociedade sem classes, e de que na União Soviética esse objetivo está de fato prestes a ser alcançado. Quando se admite que a primeira alegação requer a segunda, quase não há assalto ao sentido comum e à decência comum que não se possa justificar. Entretanto, o ponto crucial foi evitado. Liberdade para pensar significa liberdade para relatar o que se viu, ouviu e sentiu, e de não ser forçado a falsificar fatos e convicções. As conhecidas diatribes contra o "escapismo", o "individualismo", o "romantismo" e assim por diante não passam de mero recurso retórico, visando tornar respeitável a distorção da história.

Quinze anos atrás, quando se fazia a defesa da liberdade de pensamento, era preciso defendê-la dos conservadores, dos católicos e, em certa medida — pois na Inglaterra não eram tão relevantes —, dos fascistas. Hoje, é preciso defendê-la dos comunistas e dos "companheiros de viagem". Não se deve exagerar a influência direta do pequeno Partido Comunista inglês, mas não restam dúvidas quanto ao efeito pernicioso do *mythos* russo na vida intelectual inglesa. Em decorrência disso, fatos conhecidos são suprimidos e distorcidos a ponto de tornar duvidosa a possibilidade de alguma vez se escrever a história da nossa época [...] O argumento de que dizer a verdade seria "inoportuno" ou acabaria "favorecendo" este ou aquele é visto como irresponsível, e são raros os que se importam com a perspectiva de as mentiras que desculpam acabarem estampadas nos jornais e passarem aos livros de história.

A mentira sistemática praticada pelos Estados totalitários não é, como por vezes se afirma, um expediente temporário, da mesma natureza da dissimulação militar. É parte integrante do totalitarismo, algo que prosseguiria mesmo se os campos de concentração e os contingentes da polícia secreta deixassem de ser necessários. Entre os comunistas atilados, corre uma lenda clandestina segundo a qual, embora atualmente o governo russo seja obrigado a adotar a propaganda mentirosa, os processos montados e assim por diante, esse mesmo governo continua secretamente a documentar os fatos com a intenção de divulgá-los no futuro. Creio que podemos ter uma boa certeza de que nada disso está ocorrendo, pois a mentalidade pressuposta nessa medida é a de um historiador liberal, de alguém convicto de que o passado é inalterável, e de que um conhecimento correto da história tem valor incontestável. Já do ponto de vista totalitário, a história é algo a ser criado, e não a ser conhecido. Um Estado totalitário é, na realidade, uma teocracia cuja casta dominante, a fim de se manter no poder, tem de ser vista como infalível. Mas uma vez que, na prática, ninguém é infalível, com frequência é preciso rearranjar os acontecimentos passados a fim de mostrar que este ou aquele erro não foi cometido, ou que este ou aquele triunfo imaginário ocorreu de fato. E aí, de novo, toda mudança importante nas políticas requer uma respectiva mudança de doutrina e uma reavaliação de figuras históricas preeminentes. Esse tipo de coisa ocorre em toda parte, mas claramente é mais provável que conduza a uma falsificação rematada naquelas sociedades em que se admite apenas uma única opinião. Na verdade, o totalitarismo exige a alteração contínua do passado, e no longo prazo provavelmente requer uma descrença na própria existência da verdade objetiva. Em geral, os amigos do totalitarismo neste país tendem a argumentar que, uma vez que a verdade absoluta é inalcançável, uma grande mentira não é pior que uma pequena. Costumam lembrar que todos os documentos históricos são tendenciosos e imprecisos, ou, de outro lado, que a física moderna comprovou que este mundo que nos parece real não passa de uma ilusão, de modo que a confiança na evidência dos sentidos não passa de um filisteísmo vulgar. Uma sociedade totalitária que conseguisse se perpetuar provavelmente instituiria um sistema de pensamento esquizofrênico, no qual as leis do senso comum valeriam na vida cotidiana e em determinadas ciências exatas, mas poderiam ser desconsideradas pelo político, pelo historiador e pelo sociólogo. Já existem inúmeras pessoas que, embora achem escandaloso falsificar um manual científico, não veriam nada de errado na falsificação de um fato histórico. É na encruzilhada da literatura e da política que o totalitarismo exerce a maior pressão sobre o intelectual. As ciências exatas não sofrem, por enquanto, nenhuma ameaça similar dessa dimensão. Tal diferença explica em parte por que em todos os países é mais fácil para os cientistas do que para os escritores se alinhar aos respectivos governos.

"Os escritos políticos, em nossa época, consistem quase todos de frases pré-fabricadas, que se encaixam como as peças de um brinquedo de montar para crianças"

de "The Prevention of Literature" (*Polemic*, jan. 1946; *The Atlantic Monthly*, mar. 1947)

Os escritos políticos, em nossa época, consistem quase todos de frases pré-fabricadas, que se encaixam como as peças de um brinquedo de montar para crianças. Eles são a consequência inevitável da autocensura. Para escrever de forma simples e vigorosa, não se pode ter medo de pensar, e quando se pensa sem medo, não há como ser ortodoxo em termos políticos. Talvez tenha sido de outro modo numa "idade da fé", quando a ortodoxia dominante estava consolidada havia muito tempo e já não era levada tanto a sério. Nesse caso seria possível, ou talvez fosse possível, que grandes áreas do intelecto não fossem afetadas por aquilo em que se acreditava oficialmente. Mesmo assim, vale notar que a literatura em prosa quase desapareceu durante a única idade da fé que a Europa conheceu. No decorrer de toda a Idade Média, quase não houve literatura ficcional em prosa, e muito poucos escritos históricos; além disso, os líderes intelectuais da sociedade expressavam os pensamentos mais sérios numa língua morta que mal se alterou durante mil anos.

O totalitarismo, contudo, não chega a prometer uma era da fé, e sim uma era da esquizofrenia. Uma sociedade se torna totalitária quando a sua estrutura se torna flagrantemente artificial: isto é, quando a classe dominante perde a sua função, mas consegue se manter no poder por meio da força ou da fraude. Uma sociedade assim, não importa quanto tempo dure, nunca tem condições de se tornar tolerante ou estável intelectualmente. Ela não pode permitir o registro verídico dos fatos, e tampouco a sinceridade emocional, um dos requisitos da criação literária. No entanto, para sermos corrompidos pelo totalitarismo não precisamos viver num país totalitário. A mera preponderância de certas ideias pode disseminar um veneno que inviabiliza a abordagem de um tema após o outro com fins literários. Onde quer que seja imposta uma ortodoxia — ou mesmo duas ortodoxias, como ocorre com frequência —, os bons textos acabam. Isso se viu bem na Guerra Civil Espanhola. Para muitos intelectuais ingleses, o conflito foi uma experiência profundamente emocionante, mas não uma experiência sobre a qual pudessem escrever com sinceridade. Havia apenas duas coisas que você tinha permissão para dizer, e ambas eram mentiras palpáveis: em consequência, a guerra resultou em quilômetros de textos impressos, dos quais quase nada vale a pena ser lido.

"A imaginação, como certos animais selvagens, não se reproduz em cativeiro"

de "The Prevention of Literature" (*Polemic*, jan. 1946; *The Atlantic Monthly*, mar. 1947)

O fato é que existem certos temas que não podem ser celebrados por meio de palavras, e um deles é a tirania. Ninguém jamais escreveu um bom livro de apologia da Inquisição. A poesia poderia sobreviver numa época totalitária, e certas artes ou quase artes, como a arquitetura, poderiam até mesmo se beneficiar da tirania, mas o escritor de prosa não teria outra escolha além do silêncio e da morte. A literatura em prosa como a conhecemos é produto do racionalismo, dos séculos de protestantismo, do indivíduo autônomo. E a destruição da liberdade de pensamento incapacita o jornalista, o sociólogo, o historiador, o romancista, o crítico e o poeta, nessa ordem. No futuro, talvez surja um novo tipo de literatura, que não envolva o sentimento individual ou a observação precisa, mas por enquanto não dá para imaginar tal coisa. Parece bem mais provável que, se a cultura liberal em que vivemos desde a Renascença chegar ao fim, a arte literária também vai se extinguir. [...] Não só ela está condenada em qualquer país que retenha uma estrutura totalitária; mas qualquer escritor que adote uma perspectiva totalitária, que arrume desculpas para a perseguição e a falsificação da realidade, acaba assim se destruindo enquanto escritor. Não há como escapar disso. Nenhuma invectiva contra o "individualismo" e a "torre de marfim", nenhum chavão respeitoso segundo o qual a "verdadeira individualidade só se alcança pela identificação com a comunidade", consegue evitar o fato de que um intelecto comprado é um intelecto deteriorado. A menos que a espontaneidade seja incluída aqui e ali, a criação literária é impossível, e a própria língua se torna ossificada. Em algum momento no futuro, se a mente humana se tornar algo completamente diferente do que é agora, poderemos aprender a distinguir a criação literária da honestidade intelectual. Hoje, tudo o que sabemos é que a imaginação, como certos animais selvagens, não se reproduz em cativeiro. Qualquer escritor ou jornalista que negue esse fato — e quase todos os atuais elogios à União Soviética contêm ou sugerem tal negação — está, na verdade, exigindo a sua própria destruição.

"Necessariamente, a linguagem política consiste em grande parte de eufemismos, petições de princípio e mera vaguidão enevoada"

de "Politics and the English Language"
[A política e a língua inglesa] (Payments Book,
11 dez. 1945; *Horizon*, abr. 1946)

Na atualidade, o discurso e os escritos políticos são sobretudo a defesa do indefensável. Coisas como a continuação do domínio britânico na Índia, os expurgos e deportações na Rússia, as bombas atômicas lançadas no Japão podem na verdade ser defendidas, mas apenas com argumentos brutais demais para serem encarados pela maioria das pessoas, e que não se enquadram nos objetivos professados pelos partidos políticos. Assim, necessariamente, a linguagem política consiste em grande parte de eufemismos, petições de princípio e mera vaguidão enevoada. Vilarejos indefesos são bombardeados por aviões, os moradores são expulsos para as áreas rurais, o gado é metralhado, as choças são queimadas com munição incendiária: isso é chamado de pacificação. Milhões de camponeses são espoliados de suas terras e forçados a penosas jornadas levando apenas o que conseguem carregar nas costas: isso é chamado de transferência de população ou retificação de fronteira. Pessoas são encarceradas durante anos sem julgamento, executadas com uma bala na nuca ou enviadas para morrer de escorbuto em campos de trabalho no Ártico: isso é chamado de eliminação dos elementos pouco confiáveis. Tal fraseologia é necessária quando se quer nomear as coisas sem, ao mesmo tempo, evocar imagens mentais delas. Considere, por exemplo, um confortável professor inglês que defende o totalitarismo russo. Ele não pode dizer explicitamente que "aprovo a eliminação física dos oponentes sempre que isso der bons resultados". O mais provável, portanto, é que diga algo assim:

"Embora reconheça de bom grado que o regime soviético tem certas características que o indivíduo humanitário talvez tenda a considerar deploráveis, creio que temos de concordar que certa restrição do direito à oposição política é uma consequência inevitável dos períodos de transição, e que os rigores a que o povo russo foi conclamado a suportar vão terminar sendo amplamente justificados na esfera das realizações concretas."

O próprio empolamento do estilo é uma espécie de eufemismo. Uma cascata de termos alatinados tomba sobre os fatos como flocos de neve, confundindo os contornos e obscurecendo os pormenores. O grande inimigo da linguagem clara é a falta de sinceridade. Quando se abre um hiato entre os objetivos reais e os declarados, quase por instinto a pessoa se volta para as palavras compridas e as expressões gastas, como um polvo espirrando tinta. Em nossa época, não há como se manter "fora da política". Todas as questões são políticas, e a própria política é uma miscelânea de mentiras, evasivas, tolices, ódios e esquizofrenia. [...] É preciso reconhecer que o atual caos político está vinculado à decadência da língua, e que provavelmente seria possível promover alguma melhora partindo do aspecto verbal. Quando você simplifica o inglês, também se liberta das piores tolices da ortodoxia. Você não mais consegue falar nenhum dos dialetos necessários, e quando faz um comentário estúpido fica logo óbvio, mesmo para você. A linguagem política — e, com variações, isso vale para todos os partidos políticos, dos conservadores aos anarquistas — é concebida para fazer as mentiras soarem verídicas, o assassinato respeitável, e a conferir aparência de solidez ao que não passa de ar quente.

"Nenhum livro é genuinamente isento de viés político"

de "Why I Write" (1946)

Colocando de lado a necessidade de ganhar a vida, considero que há quatro motivos principais para escrever, ao menos para escrever prosa. Eles existem em graus distintos em cada autor, e em qualquer um deles a proporção varia de uma época para outra, conforme a atmosfera em que se está vivendo. São eles:

1) Mero egoísmo. O desejo de ser visto como inteligente, de ser motivo de conversas, de ser lembrado após a morte, de ter a sua revanche contra os adultos que o menosprezaram quando pequeno etc. etc. É bobagem fingir que esse não é um motivo, e um motivo forte. Os escritores partilham essa característica com os cientistas, artistas, políticos, advogados, soldados, empresários bem-sucedi-

dos — em suma, com toda a camada superior da humanidade. A grande massa dos seres humanos não é intensamente egoísta. Depois dos trinta anos de idade, mais ou menos, eles abdicam da ambição individual — em muitos casos, na verdade, quase abandonam o próprio sentimento de serem indivíduos — e vivem sobretudo para os outros, ou simplesmente vivem prostrados pela labuta fatigante. Mas há também uma minoria determinada a viver plenamente a vida, e os escritores pertencem a essa classe. Como um todo, os escritores sérios, devo dizer, são mais vaidosos e autocentrados do que os jornalistas, ainda que menos interessados em dinheiro.

2) Entusiasmo estético. A percepção da beleza no mundo externo, ou, por outro lado, nas palavras e em sua correta disposição. Prazer no impacto de um som sobre outro, na firmeza da boa prosa ou no ritmo de uma boa história. Desejo de partilhar uma experiência que nos parece valiosa e não deveria se perder. Em muitos escritores, o motivo estético é muito débil, mas até mesmo os autores de panfletos ou manuais têm os seus vocábulos e expressões prediletas, que os atraem por razões não estritamente utilitárias; ou ainda, eles podem ter opiniões vee-

mentes acerca da tipografia, do tamanho das margens etc. Acima do nível de um guia ferroviário, nenhum livro é totalmente livre de considerações estéticas.

3) Impulso histórico. Desejo de ver as coisas como elas são, de descobrir fatos genuínos e guardá-los para uso da posteridade.

4) Finalidade política — com o termo "política" sendo usado aqui em sua acepção mais ampla possível. Desejo de mover o mundo em certa direção, de alterar a ideia que os outros fazem do tipo de sociedade que deveriam almejar. De novo, nenhum livro é genuinamente isento de viés político. A opinião de que a arte não deveria ter nada a ver com a política é ela própria uma atitude política.

[...] O que mais quis fazer no decorrer dos últimos dez anos foi transformar em arte os escritos sobre política. Meu ponto de partida sempre é a necessidade de tomar partido, um sentimento de injustiça. Quando sento para escrever um livro, não digo a mim mesmo que "vou produzir uma obra de arte". Eu o escrevo porque há alguma mentira que quero expor, algum fato para o qual quero chamar a atenção, e a minha preocupação inicial é conseguir uma audiência. Mas não poderia me empenhar no trabalho de escrever um livro, ou mesmo um artigo longo para uma revista, se isso não fosse também uma experiência estética. Quem se der ao trabalho de examinar a minha obra vai notar que, até mesmo quando se trata de propaganda explícita, ela contém muito do que um político profissional consideraria irrelevante. Não sou capaz, nem quero, de abandonar por completo a concepção de mundo que adquiri na infância. Enquanto estiver vivo e saudável, vou continuar a ser fortemente afetado pelo estilo da prosa, a apreciar a superfície da Terra e a me deleitar com objetos concretos e fragmentos de informação inútil. Não há por que tentar suprimir esse meu lado. O esforço é para conciliar as minhas predileções e aversões inerentes com as atividades essencialmente públicas e não individuais que a época impõe a todos nós.

Não é fácil. Isso coloca problemas de construção e de linguagem e levanta de uma nova maneira a questão da veracidade. Vou dar apenas um exemplo mais grosseiro de tais dificuldades. Meu livro sobre a Guerra Civil Espanhola, *Homenagem à Catalunha*, é uma obra francamente política, é claro, mas de modo geral foi escrita com certo distanciamento e preocupação formal. De fato me empenhei muito para contar toda a verdade sem violentar o meu instinto literário. Mas, entre outras coisas, ele contém um longo capítulo, recheado de citações de jornais e similares, defendendo os trotskistas acusados de conspirar com Franco. Era evidente que tal capítulo, que depois de um ou dois anos perderia o interesse para o leitor comum, acabaria arruinando o livro. Um crítico que respeito me fez uma preleção sobre isso. "Por que incluir todo esse material?", perguntou ele. "Você transformou em jornalismo o que poderia ter sido um bom livro." Embora estivesse certo, eu não poderia ter feito de outro modo. Por acaso eu sabia, o que muito pouca gente na Inglaterra ficara sabendo, que inocentes estavam sendo falsamente acusados. Se não tivesse ficado furioso com isso, jamais teria escrito o livro.

De uma forma ou de outra, esse problema sempre reaparece. O problema da linguagem é mais sutil e exigiria tempo demais para ser discutido. Vou apenas dizer que nos últimos anos procurei escrever de forma menos pitoresca e mais exata. Seja como for, noto que, assim que domina qualquer estilo de escrita, você já o superou. *A revolução dos bichos* foi o primeiro livro no qual tentei, com plena consciência do que estava fazendo, mesclar num todo o propósito político e o artístico. Há sete anos não escrevo um romance, mas tenho a esperança de começar outro logo mais. Está destinado a ser um fracasso, todo livro é um fracasso, mas já sei com alguma clareza o tipo de livro que quero escrever.

Relendo a última ou as duas últimas páginas, vejo que dei a impressão de que os meus motivos para escrever são sobretudo altruístas. Não é essa impressão final que gostaria de deixar. Todos os escritores são vaidosos, egoístas e preguiçosos, mas no fundo dos seus motivos ainda resta um mistério. Escrever um livro é um esforço horrível e exaustivo, como uma longa temporada sofrendo de uma enfermidade dolorosa. Ninguém empreenderia tal coisa se não fosse impelido por algum demônio ao qual não pode resistir nem compreender. Pois sabemos apenas que esse demônio é simplesmente o mesmo instinto que faz um bebê chorar para atrair atenção. E, no entanto, também é verdade que não se consegue escrever nada legível a menos que se lute constantemente para anular a própria personalidade. A boa prosa é como uma janela de vidro. Não posso afirmar com certeza qual dos motivos é o mais forte, mas sei qual deles merece ser seguido. E examinando em retrospecto a minha obra, noto que, invariavelmente, ali onde me faltou um objetivo político, escrevi livros sem vida e fui traído por trechos rebuscados, frases desprovidas de sentido, adjetivos decorativos e impostura em geral.

"Uma nação tem os jornais que merece"

de "As I Please" (*Tribune*, 22 nov. 1946)

Nos atuais debates da Comissão Régia incumbida de investigar a imprensa, sempre se menciona a influência prejudicial exercida pelos proprietários e anunciantes. Não se ressalta o bastante que uma nação tem os jornais que merece. Sem dúvida, essa não é a verdade toda. Quando o grosso da imprensa está nas mãos de um punhado de pessoas, não se tem muita escolha, e o fato de que, durante a guerra, os jornais se mostraram temporariamente mais inteligentes, sem afastar os leitores, indica que o gosto do público não é tão ruim quanto parece. Ainda assim, os nossos jornais não são todos similares; alguns são mais inteligentes do que outros, e alguns são mais populares do que outros. E ao examinarmos a relação entre inteligência e popularidade, o que encontramos?

Abaixo eu relaciono em duas colunas os nossos principais jornais diários de âmbito nacional. Na primeira, estão dispostos por ordem de inteligência, até onde sou capaz de julgar; na outra estão relacionados por ordem de popularidade, de acordo com a circulação. Por inteligência não quero dizer concordância com as minhas próprias opiniões, e sim uma propensão a apresentar objetivamente as notícias, a ressaltar as coisas que de fato importam, a discutir questões sérias mesmo quando tediosas, e a defender políticas que são ao menos coerentes e inteligíveis. Quanto à circulação, posso ter me equivocado na posição de um ou dois jornais, pois não disponho de números atualizados, mas mesmo assim a lista não é inexata. Eis as duas listas:

INTELIGÊNCIA	POPULARIDADE
1. *Manchester Guardian*	1. *Express*
2. *Times*	2. *Herald*
3. *News Chronicle*	3. *Mirror*
4. *Telegraph*	4. *News Chronicle*
5. *Herald*	5. *Mail*
6. *Mail*	6. *Graphic*
7. *Mirror*	7. *Telegraph*
8. *Express*	8. *Times*
9. *Graphic*	9. *Manchester Guardian*

É de notar que a segunda lista é quase exatamente — não de todo, pois a vida nunca é tão bem ordenada assim — o inverso da primeira. E mesmo que eu não tenha classificado esses jornais na ordem certa, continua valendo a relação geral. O diário que tem a melhor reputação por ser verídico, o *Manchester Guardian*, é aquele que não é lido nem mesmo pelos que o admiram. As pessoas se queixam de que é "enfadonho demais". Por outro lado, são incontáveis os leitores do *Daily* — ao mesmo tempo que admitem francamente que "não acredito em nenhuma palavra que sai nele".

Nessas circunstâncias, é difícil antever uma mudança radical, mesmo removendo-se o tipo especial de pressão exercida pelos proprietários e anunciantes. O importante é que, na Inglaterra, de fato contamos com a liberdade jurídica da imprensa, o que nos permite exprimir sem temor as nossas opiniões verdadeiras em jornais de circulação relativamente restrita. É de vital importância que isso seja mantido. Porém, nenhuma Comissão Régia pode tornar a imprensa de grande circulação muito melhor do que é, por mais que altere os métodos de controle. Só teremos uma imprensa séria e genuinamente popular quando a opinião pública exigir isso de forma ativa. Até lá, se não forem distorcidas pelos empresários, as notícias serão distorcidas pelos burocratas, que são apenas um grau melhores.

"GUERRA É PAZ"

de *1984* (1949)

Por trás de Winston, a voz da teletela continuava sua lenga-lenga infinita sobre o ferro-gusa e o total cumprimento — com folga — das metas do Nono Plano Trienal. A teletela recebia e transmitia simultaneamente. Todo som produzido por Winston que ultrapassasse o nível de um sussurro muito discreto seria captado por ela; mais: enquanto Winston permanecesse no campo de visão enquadrado pela placa de metal, além de ouvido também poderia ser visto. Claro, não havia como saber se você estava sendo observado num momento específico. Tentar adivinhar o sistema utilizado pela Polícia das Ideias para conectar-se a cada aparelho individual ou a frequência com que o fazia não passava de especulação. Era possível inclusive que ela controlasse todo mundo o tempo todo. Fosse como fosse, uma coisa era certa: tinha meios de conectar-se a seu aparelho sempre que quisesse. Você era obrigado a viver — e vivia, em decorrência do hábito transformado em instinto — acreditando que todo som que fizesse seria ouvido e, se a escuridão não fosse completa, todo movimento examinado meticulosamente.

Winston mantinha as costas voltadas para a teletela. Era mais seguro; contudo, como sabia muito bem, mesmo as costas de uma pessoa podem ser reveladoras. A um quilômetro de distância, o Ministério da Verdade, onde ele trabalhava, erguia-se vasto e branco por sobre a paisagem encardida. Aquela, pensou com uma espécie de contrariedade difusa, aquela era Londres, principal cidade da Faixa Aérea Um, terceira mais populosa das províncias da Oceânia. Tentou localizar alguma lembrança de infância que lhe dissesse se Londres sempre fora assim. Será que sempre houvera aquele cenário de casas do século XIX caindo aos pedaços, paredes laterais escoradas com vigas de madeira, janelas remendadas com papelão, telhados reforçados com chapas de ferro corrugado, decrépitos muros de jardins adernando em todas as direções? E os lugares bombardeados, onde o pó de gesso dançava no ar e a salgueirinha crescia e se espalhava sobre as pilhas de entulho? E os locais onde as bombas haviam aberto clareiras maiores e onde tinham brotado colônias sórdidas de cabanas de madeira que mais pareciam galinheiros? Não adiantava, ele não conseguia se lembrar. Tudo o que lhe ficara da infância era uma série de *tableaux* superiluminados, desprovidos de paisagem de fundo e quase sempre ininteligíveis.

O Ministério da Verdade — Miniver, em Novafala — era extraordinariamente diferente de todos os outros objetos à vista. Era uma enorme estrutura piramidal de concreto branco cintilante, erguendo-se, terraço após terraço, trezentos metros espaço acima. Do lugar onde Winston estava mal dava para ler, escavados na parede branca em letras elegantes, os três slogans do Partido:

GUERRA É PAZ
LIBERDADE É ESCRAVIDÃO
IGNORÂNCIA É FORÇA

Comentava-se que o Ministério da Verdade continha três mil salas acima do nível do solo e ramificações equivalentes abaixo. Em Londres havia somente três outros edifícios de aparência e dimensões equivalentes. Eles tinham o efeito de reduzir tão drasticamente a arquitetura circundante que do telhado das Mansões Victory era possível avistar os quatro ao mesmo tempo. Eram as sedes dos quatro ministérios entre os quais se dividia a totalidade do aparato governamental. O Ministério da Verdade, responsável por notícias, entretenimento, educação e belas-artes. O Ministério da Paz, responsável pela guerra. O Ministério do Amor, ao qual cabia manter a lei e a ordem. E o Ministério da Pujança, responsável pelas questões econômicas. Seus nomes, em Novafala: Miniver, Minipaz, Minamor e Minipuja.

[...] A coisa que estava prestes a fazer era começar um diário. Não que isso fosse ilegal (nada era ilegal, visto que já não existiam leis), mas se o fato fosse descoberto era praticamente certo que o punissem com a morte ou com pelo menos vinte e cinco anos de prisão em algum campo de trabalhos forçados. Winston encaixou uma pena no porta-penas e chupou-a para remover a graxa. A pena era um instrumento arcaico, pouco usado inclusive para assinaturas, e ele obtivera aquela, furtivamente e com alguma dificuldade, só por ter sentido que o belo papel creme merecia que escrevessem nele com uma pena de verdade, em vez de ser rabiscado com lápis-tinta. Na verdade, Winston não estava habituado a escrever à mão. Exceto no caso de um ou outro bilhete muito curto, o hábito era ditar tudo ao ditógrafo, o que, evidentemente, não se aplicava à circunstância presente. Mergulhou a caneta na tinta e vacilou por um segundo. Suas entranhas foram percorridas por um estremecimento. Marcar o papel era o ato decisivo. Em letras miúdas, desajeitadas, escreveu:

4 de abril de 1984.

Recostou-se na cadeira. Estava possuído por uma sensação de absoluto desamparo. Para começar, não sabia com certeza se *estava mesmo* em 1984. Devia ser por aí, visto que estava seguro de ter trinta e nove anos e acreditava ter nascido em 1944 ou 1945; mas nos tempos que corriam era impossível precisar uma data sem uma margem de erro de um ou dois anos.

Para quem, ocorreu-lhe perguntar-se de repente, estava escrevendo aquele diário? Para o futuro, para os não nascidos. Sua mente deu voltas por um momento em torno da data duvidosa na página, depois, com um solavanco, colidiu com um termo em Novafala: *duplipensamento*. Pela primeira vez deu-se conta da dimensão de seu projeto. Como fazer para comunicar-se com o futuro? Era algo impossível por natureza. Ou bem o futuro seria semelhante ao presente e não daria ouvidos ao que ele queria lhe dizer, ou bem seria diferente e sua iniciativa não faria sentido.

"Na ausência de todo e qualquer registro externo a que recorrer, até mesmo o contorno de sua própria vida perdia a nitidez"

de *1984* (1949)

A teletela emitia um zumbido de rachar o crânio que se manteve no mesmo diapasão por trinta segundos. Com efeito, eram sete e quinze da manhã, hora em que os funcionários dos escritórios precisam se levantar. Winston arrancou o próprio corpo da cama com dificuldade — nu, pois os membros do Partido Exterior recebiam somente três mil cupons de vestuário por ano, e um pijama custava seiscentos — e apanhou uma camiseta encardida e um short que estavam jogados sobre uma cadeira. Atividades Físicas começaria em três minutos. No instante seguinte ele se viu dobrado ao meio por uma violenta crise de tosse que quase sempre o atacava logo depois que ele acordava. A tosse esvaziara seus pulmões tão completamente que ele só conseguiu voltar a respirar depois que se deitou de costas e aspirou o ar profundamente algumas vezes. Tinha as veias dilatadas pelo esforço de tossir e a úlcera varicosa começara a comichar.

"Grupo de trinta a quarenta!", ganiu uma voz feminina de furar os tímpanos. "Grupo de trinta a quarenta! Para seus lugares, por favor. Trinta a quarenta!"

Winston ficou em posição de sentido diante da teletela, na qual a imagem de uma mulher bastante jovem, muito magra mas musculosa, vestindo túnica e sapatos de ginástica, já ocupara seu lugar.

"Dobrando os braços, esticando os braços!", berrou ela. "Me acompanhem. Um, dois, três, quatro! Um, dois, três, quatro! Vamos lá, camaradas, quero ver um pouco mais de energia! Um, dois, três, quatro! Um, dois, três, quatro!…"

A dor do ataque de tosse não afastara por completo da cabeça de Winston a impressão deixada pelo sonho, e o movimento rítmico do exercício a recompôs em parte. Enquanto jogava mecanicamente os braços para diante e para trás, ostentando no rosto a expressão de prazer compenetrado vista como correta para a execução das Atividades Físicas, ele se esforçava para recuar o pensamento para o período difuso de sua primeira infância. Era extraordinariamente difícil. Até o fim da década de 1950, nenhum problema; daí em diante, tudo desbotava. Na ausência de todo e qualquer registro externo a que recorrer, até mesmo o contorno de sua própria vida perdia a nitidez. A pessoa conseguia evocar os acontecimentos mais notáveis, que muito provavelmente jamais haviam ocorrido. Lembrava-se de detalhes de incidentes sem conseguir recompor sua atmosfera, e havia longos períodos em branco aos quais não conseguia atribuir fato algum. Naquele tempo tudo era diferente. Mesmo os nomes dos países e suas formas no mapa, tudo era diferente. A Pista de Pouso Um, por exemplo, na época não era chamada assim: na época seu nome era Inglaterra, ou Grã-Bretanha, embora Londres — disso ele estava seguro — sempre tivesse se chamado Londres.

[...] Durante vários meses, em seus tempos de criança, houvera combates confusos nas ruas de Londres, e de alguns deles Winston guardava uma lembrança nítida. Só que seria praticamente impossível reconstruir a história de todo aquele período, dizer quem lutava contra quem neste ou naquele dado momento, pois não havia registros escritos e os relatos orais jamais se referiam a algum quadro político diferente do vigente. Naquele momento, por exemplo, em 1984 (se é que estavam em 1984), a Oceânia estava em guerra com a Eurásia e era aliada da Lestásia. Nunca, em nenhuma declaração pública ou privada, era admitido que as três potências alguma vez tivessem se agrupado de modo diferente. Na verdade, como Winston sabia muito bem, há não mais de quatro anos a Oceânia estava em guerra com a Lestásia e em aliança com a Eurásia. Só que isso não passava de uma amostra de conhecimento furtivo que ele por acaso possuía graças ao fato de sua memória não estar corretamente controlada. Em termos oficiais, a troca de aliados jamais acontecera. A Oceânia estava em guerra com a Eurásia: em consequência, a Oceânia sempre estivera em guerra com a Eurásia. O inimigo do momento sempre representava o mal absoluto, com o resultado óbvio de que todo e qualquer acordo passado ou futuro com ele era impossível.

O assustador, refletiu Winston pela décima milésima vez enquanto forçava os ombros dolorosamente para trás (com as mãos nos quadris, giravam o tronco da cintura para cima, um exercício considerado benéfico para os músculos das costas), o assustador era que talvez tudo aquilo fosse verdade. Se o Partido era capaz de meter a mão no passado e afirmar que esta ou aquela ocorrência *jamais acontecera* — sem dúvida isso era mais aterrorizante do que a mera tortura ou a morte.

O Partido dizia que a Oceânia jamais fora aliada da Eurásia. Ele, Winston Smith, sabia que a Oceânia fora aliada da Eurásia não mais de quatro anos antes. Mas em que local existia esse conhecimento? Apenas em sua própria consciência que, de todo modo, em breve seria aniquilada. E se todos os outros aceitassem a mentira imposta pelo Partido — se todos os registros contassem a mesma história —, a mentira se tornava história e virava verdade. "Quem controla o passado controla o futuro; quem controla o presente controla o passado", rezava o lema do Partido. E com tudo isso o passado, mesmo com sua natureza alterável, jamais fora alterado. Tudo o que fosse verdade agora fora verdade desde sempre, a vida toda. Muito simples. O indivíduo só precisava obter uma série interminável de vitórias sobre a própria memória. "Controle da realidade", era a designação adotada. Em Novafala: "duplipensamento".

[...] Winston largou os braços ao longo do corpo e pouco a pouco voltou a encher os pulmões com ar. Sua mente deslizou para o labiríntico mundo do duplipensamento. Saber e não saber, estar consciente de mostrar-se cem por cento confiável ao contar mentiras construídas laboriosamente, defender ao mesmo tempo duas opiniões que se anulam uma à outra, sabendo que são contraditórias e acreditando nas duas; recorrer à lógica para questionar a lógica, repudiar a moralidade dizendo-se um moralista, acreditar que a democracia era impossível e que o Partido era o guardião da democracia; esquecer tudo o que fosse preciso esquecer, depois reinstalar o esquecido na memória no momento em que ele se mostrasse necessário, depois esquecer tudo de novo sem o menor problema: e, acima de tudo, aplicar o mesmo processo ao processo em si. Esta a última sutileza: induzir conscientemente a inconsciência e depois, mais uma vez, tornar-se inconsciente do ato de hipnose realizado pouco antes. Inclusive entender que o mundo em "duplipensamento" envolvia o uso do duplipensamento.

[...] O passado, refletiu ele, não fora simplesmente alterado; na verdade fora destruído. Pois como fazer para verificar o mais óbvio dos fatos, quando o único registro de sua veracidade estava em sua memória? Tentou se lembrar do ano em que ouvira a primeira menção ao Grande Irmão. Achava que devia ter sido em algum momento dos anos 1960, mas era impossível ter certeza. Nas histórias do Partido, é evidente que o Grande Irmão aparecia como o líder e o guardião da Revolução desde seus primeiríssimos dias. Seus feitos haviam sido recuados gradualmente no tempo até atingir o mundo fabuloso dos anos 1940 e 50, quando os capitalistas, com seus estranhos chapéus cilíndricos, ainda circulavam pelas ruas de Londres a bordo de grandes automóveis cintilantes ou em carruagens puxadas por cavalos e equipadas com laterais de vidro. Impossível saber o que era verdade e o que era mentira nessa fábula. Winston não conseguia se lembrar sequer da data em que o próprio Partido passara a existir. Não lhe parecia que tivesse ouvido a palavra Socing antes de 1960, mas quem sabe na expressão utilizada pela Velhafala — ou seja, "Socialismo inglês" — ela um dia tivesse sido de uso corrente. Tudo se desmanchava na névoa. Às vezes, de fato, era possível apontar uma mentira específica. Não era verdade, por exemplo, que, como afirmavam os livros de história do Partido, o Partido tivesse inventado o avião. Winston se lembrava de que na sua mais tenra infância já existiam aviões. Só que era impossível provar o que quer que fosse. Nunca havia a menor prova de nada.

"Que coisa bonita, a destruição de palavras!"

de *1984* (1949)

Na cantina de teto baixo situada na parte subterrânea do edifício, longe da superfície do solo, a fila do almoço se arrastava, avançando muito devagar. O ambiente já estava superlotado e o barulho era ensurdecedor. O bafo do ensopado escapava pela grade do balcão, espalhando um cheiro azedo, metálico, que não encobria completamente os vapores do gim Victory. No outro extremo da sala havia um pequeno bar, não mais que um buraco na parede, onde era possível comprar gim por dez centavos a dose grande.

"Exatamente a pessoa que eu estava procurando", disse alguém atrás de Winston.

Winston se virou. Era seu amigo Syme, que trabalhava no Departamento de Pesquisas. Talvez o termo não fosse exatamente "amigo". Agora ninguém mais tinha amigos, só camaradas: mas a companhia de alguns camaradas era mais prazerosa que a de outros. Syme era filólogo, especialista em Novafala. Na realidade fazia parte da vasta equipe de especialistas encarregada de compilar a Décima Primeira Edição do *Dicionário de Novafala*. [...]

"Como vai o dicionário?", perguntou Winston, elevando o tom de voz para que o outro pudesse ouvi-lo.

"Devagar", disse Syme. "Estou nos adjetivos. Fascinante."

Ele se animara todo ao ver Winston mencionar a Novafala. Empurrou a marmita para um lado, segurou o naco de pão com uma das mãos delicadas e o queijo com a outra, depois inclinou-se por cima da mesa para conseguir falar sem ser obrigado a gritar.

"A Décima Primeira Edição é a edição definitiva", disse. "Estamos dando os últimos retoques na língua — para que ela fique do jeito que há de ser quando ninguém mais falar outra coisa. Depois que acabarmos, pessoas como você serão obrigadas a aprender tudo de novo. Tenho a impressão de que você acha que nossa principal missão é inventar palavras novas. Nada disso! Estamos destruindo palavras — dezenas de palavras, centenas de palavras todos os dias. Estamos reduzindo a língua ao osso. A Décima Primeira Edição não conterá uma única palavra que venha a se tornar obsoleta antes de 2050."

Deu uma dentada faminta no pão e engoliu duas colheradas de ensopado, depois continuou falando, com uma espécie de paixão pedante. Seu rosto escuro e afilado se animara, seus olhos haviam perdido a expressão zombeteira e adquirido um ar quase sonhador.

"Que coisa bonita, a destruição de palavras! Claro que a grande concentração de palavras inúteis está nos verbos e adjetivos, mas há centenas de substantivos que também podem ser descartados. Não só os sinônimos; os antônimos também. Afinal de contas, o que justifica a existência de uma palavra que seja simplesmente o oposto de outra? Uma palavra já contém em si mesma o seu oposto. Pense em 'bom', por exemplo. Se você tem uma palavra como 'bom', qual é a necessidade de uma palavra como 'ruim'? 'Desbom' dá conta perfeitamente do recado. É até melhor, porque é um antônimo perfeito, coisa que a outra palavra não é. Ou então, se você quiser uma versão mais intensa de 'bom', qual é o sentido de dispor de uma verdadeira série de palavras imprecisas e inúteis como 'excelente', 'esplêndido' e todas as demais? 'Maisbom' resolve o problema; ou 'duplimaisbom', se quiser algo ainda mais intenso. Claro que já usamos essas formas, mas na versão final da Novafala tudo o mais desaparecerá. No fim o conceito inteiro de bondade e ruindade será coberto por apenas seis palavras — na realidade por uma palavra apenas. Você consegue ver a beleza da coisa, Winston? Claro que a ideia partiu do 'G. I.', acrescentou, como alguém que se lembra de um detalhe que não havia mencionado.

Uma espécie de ansiedade inconsistente perpassou o rosto de Winston ao ouvir falar no Grande Irmão. Mesmo assim, Syme detectou instantaneamente uma certa falta de entusiasmo.

"Você não sente muita admiração pela Novafala, Winston", disse ele, quase triste. "Até mesmo quando escreve, continua pensando em Velhafala. Li alguns daqueles artigos que você publica no *Times* de vez em quando. São muito bons, mas são traduções. No fundo você preferiria continuar usando a Velhafala, com todas as suas inexatidões e nuances inúteis de significado. Não compreende a beleza da destruição de palavras. Você sabia que a Novafala é a única língua do mundo cujo vocabulário encolhe a cada ano?"

Winston sabia, claro. Sorriu com simpatia — esperava —, sentindo-se inseguro quanto ao que diria, se abrisse a boca para falar. Syme arrancou com os dentes outro fragmento de pão escuro, mastigou-o depressa e continuou:

"Você não vê que a verdadeira finalidade da Novafala é estreitar o âmbito do pensamento? No fim teremos tornado o pensamento-crime literalmente impossível, já que não haverá palavras para expressá-lo. Todo conceito de que pudermos necessitar será expresso por apenas *uma* palavra, com significado rigidamente definido, e todos os seus significados subsidiários serão eliminados e esquecidos. Na Décima Primeira Edição já estamos quase atingindo esse objetivo. Só que o processo continuará avançando até muito depois que você e eu estivermos mortos. Menos e menos palavras a cada ano que passa, e a consciência com um alcance cada vez menor. Mesmo agora, claro, não há razão ou desculpa para cometer pensamentos-crimes. É pura e simplesmente uma questão de autodisciplina, de controle da realidade. Mas, no fim, nem isso será necessário. A Revolução estará completa quando a linguagem for perfeita. A Novafala é o Socing, e o Socing é a Novafala", acrescentou com uma espécie de satisfação mística. "Alguma vez lhe ocorreu, Winston, que lá por 2050, no máximo, nem um único ser humano vivo será capaz de entender uma conversa como a que estamos tendo agora?"

"Só os…", começou Winston, vacilante, depois se calou.

Estava a ponto de dizer "Só os proletas", mas voltou atrás, sem saber com certeza se o comentário não seria de alguma forma inortodoxo. Syme, contudo, adivinhou o que ele ia dizer.

"Os proletas não são seres humanos", disse, despreocupado. "Lá por 2050 — ou antes, talvez — todo conhecimento real de Velhafala terá desaparecido. Toda a literatura do passado terá sido destruída. Chaucer, Shakespeare, Milton, Byron existirão somente em suas versões em Novafala, em que, além de transformados em algo diferente, estarão transformados em algo contraditório com o que eram antes. A literatura do Partido será outra. Os slogans serão outros. Como podemos ter um slogan como 'Liberdade é escravidão' quando o conceito de liberdade foi abolido? Todo o clima de pensamento será diferente. Na realidade *não* haverá pensamento tal como o entendemos hoje. Ortodoxia significa não pensar — não ter necessidade de pensar. Ortodoxia é inconsciência."

Um dia desses, pensou Winston, assaltado por uma convicção profunda, Syme será vaporizado. É inteligente demais. Vê as coisas com excessiva clareza e é franco demais quando fala. O Partido não gosta desse tipo de gente. Um dia ele vai desaparecer. Está escrito na cara dele.

"*Criminterrupção* significa a capacidade de estacar, como por instinto, no limiar de todo pensamento perigoso"

de *1984* (1949)

De um membro do Partido exige-se que tenha não apenas a opinião certa, mas os instintos certos. Muitas das crenças e atitudes que se esperam dele jamais são expostas com clareza — e não poderiam sê-lo sem que as contradições inerentes ao Socing ficassem visíveis. Se esse membro do Partido for uma pessoa naturalmente ortodoxa (em Novafala um *benepensante*), em toda e qualquer circunstância saberá, sem precisar pensar, qual é a crença verdadeira e qual a emoção desejável. De qualquer forma, porém, um elaborado treinamento mental aplicado na infância e relacionado às palavras *criminterrupção*, *negribranco* e *duplipensamento*, em Novafala, o deixa sem desejo nem capacidade de pensar muito profundamente em qualquer assunto.

Espera-se que um membro do Partido não tenha emoções privadas nem momentos de suspensão do entusiasmo. Supõe-se que ele viva num frenesi contínuo de ódio aos inimigos estrangeiros e aos traidores internos, de júbilo diante das vitórias e de autodepreciação diante do poder e da sabedoria do Partido. A insatisfação produzida por sua vida despojada e sem atrativos é deliberadamente voltada para o exterior e dissipada por artifícios como Dois Minutos de Ódio, e as especulações que talvez pudessem induzir nele uma atitude cética ou rebelde são destruídas antes de virem à tona graças a sua disciplina interna, adquirida em tenra idade. A primeira etapa dessa disciplina, muito simples, que pode ser ensinada inclusive a crianças pequenas, chama-se, em Novafala, *criminterrupção*. *Criminterrupção* significa a capacidade de estacar, como por instinto, no limiar de todo pensamento perigoso. O conceito inclui a capacidade de não entender analogias, de deixar de perceber erros lógicos, de compreender mal os argumentos mais simples, caso sejam antagônicos ao Socing, e de sentir-se entediado ou incomodado por toda sequência de raciocínio capaz de enveredar por um rumo herético. Em suma, *criminterrupção* significa burrice protetora. Mas burrice não basta. Ao contrário, a ortodoxia em sentido pleno exige um controle tão absoluto sobre os próprios processos mentais quanto o do contorcionista sobre o próprio corpo. A sociedade oceânica repousa, em última análise, na crença de que o Grande Irmão é onipotente e o Partido infalível. Mas, dado que na realidade o Grande Irmão não é onipotente e o Partido não é infalível, existe a necessidade de adotar-se o tempo todo uma flexibilidade incessante no tratamento dos fatos. A palavra-chave, no caso, é *negribranco*. Como tantas outras palavras em Novafala, ela tem dois sentidos mutuamente contraditórios. Aplicada a um adversário, alude ao hábito que esse adversário tem de afirmar desavergonhadamente que o negro é branco, em contradição com os fatos óbvios. Aplicada a um membro do Partido, manifesta a leal disposição de afirmar que o negro é branco sempre que a disciplina do Partido o exigir. Mas significa ao mesmo tempo a capacidade de *acreditar* que o negro é branco e, mais, de *saber* que o negro é branco, e de esquecer que algum dia julgou o contrário.

> "Você acha, Winston, que o passado tem uma existência real?"

de *1984* (1949)

Não se lembrava de ter havido um encerramento em seu interrogatório. Num certo período tudo ficara às escuras, depois a cela, ou o quarto, em que agora se encontrava fora gradualmente se materializando à sua volta. Estava quase na horizontal e não podia se mexer. Tinha o corpo atado em todos os pontos essenciais. Até sua nuca estava presa. O'Brien olhava para ele com expressão grave e entristecida. Seu rosto, visto de baixo, parecia rude e abatido, com olheiras e rugas que iam do nariz ao queixo. Era mais velho do que Winston imaginara; devia ter uns quarenta e oito ou cinquenta anos. Debaixo de sua mão havia um mostrador com uma alavanca e números ocupando sua circunferência.

"Eu falei", disse O'Brien, "que se voltássemos a nos encontrar seria aqui."

"É verdade", concordou Winston.

Sem aviso prévio, exceto por um pequeno movimento da mão de O'Brien, uma onda de dor invadiu seu corpo. Era uma dor apavorante, pois Winston não conseguia ver o que estava acontecendo e tinha a sensação de estar sendo alvo de algum tipo de lesão fatal. Não sabia se a coisa de fato acontecia ou se o efeito era produzido eletricamente; fosse como fosse, sentia o corpo sob o efeito de uma força deformadora, as juntas sendo lentamente descoladas. Embora a dor tivesse enchido sua testa de suor, o pior de tudo era o medo de que sua coluna estivesse prestes a se partir. Trincou os dentes e respirou com força pelo nariz, tentando manter-se em silêncio pelo maior tempo possível.

"Você está com medo", disse O'Brien, observando seu rosto, "de que em breve algo se parta. Receia, particularmente, que seja sua coluna. Tem uma imagem mental muito nítida das vértebras se rompendo e do fluido espinhal escorrendo delas. É nisso que está pensando, não é, Winston?"

Winston não respondeu. O'Brien levou a alavanca do aparelho à posição original. A onda de dor desapareceu quase tão depressa quanto surgira.

"Quarenta, agora", disse O'Brien. "Como pode

ver, os números deste mostrador vão até cem. Peço-lhe que tenha em mente ao longo de toda a nossa conversa que eu posso, a qualquer momento, e em qualquer nível que me apeteça, infligir-lhe dor. Se me disser mentiras ou tentar algum tipo de tergiversação, ou descer abaixo de seu grau costumeiro de inteligência, no mesmo instante começará a chorar de dor. Entendeu bem?"

"Entendi", disse Winston.

[...] O'Brien o observava com expressão especulativa. Tinha, mais do que nunca, o ar de um professor lidando pacientemente com uma criança teimosa porém promissora.

"Há um slogan do Partido abordando o controle do passado", disse. "Repita-o, por favor."

"'Quem controla o passado controla o futuro; quem controla o presente controla o passado'", repetiu Winston, obediente.

"'Quem controla o passado controla o futuro; quem controla o presente controla o passado'", disse O'Brien, balançando lentamente a cabeça para demonstrar sua aprovação. "Você acha, Winston, que o passado tem uma existência real?"

O sentimento de impotência tornou a se apossar de Winston. Seus olhos se apressaram em mirar o mostrador. Não apenas desconhecia se a resposta que o resguardaria da dor era "sim" ou "não", como estava inseguro quanto à resposta que ele próprio acreditava ser a verdadeira.

O'Brien esboçou um sorriso. "A metafísica não é o seu forte, Winston", disse. "Até este momento, você nunca havia se perguntado o que é que as pessoas entendem por existência. Vou formular a pergunta com mais precisão. Por acaso o passado existe concretamente no espaço? Há em alguma parte um lugar, um mundo de objetos sólidos, onde o passado ainda esteja acontecendo?"

"Não."

"Então onde o passado existe, se de fato existe?"

"Nos documentos. Está registrado."

"Nos documentos. E...?"

"Na mente. Na memória humana."

"Na memória. Muito bem. Nós, o Partido, controlamos todos os documentos e todas as lembranças. Portanto, controlamos o passado, não é mesmo?"

"Mas como vocês podem impedir que as pessoas se lembrem das coisas?", gritou Winston, tornando a se esquecer momentaneamente do mostrador. "É involuntário. É uma coisa que foge ao controle da pessoa. Como podem controlar a memória? A minha vocês não controlaram!"

O'Brien voltou a assumir uma atitude severa. Levou a mão ao mostrador.

"Pelo contrário", disse, "foi você que não a controlou. Por isso foi trazido para cá. Está aqui porque não teve humildade suficiente, não teve autodisciplina. Não se dispôs ao ato de submissão que é o preço a ser pago pelo equilíbrio mental. Preferiu ser um lunático, uma minoria de um. Só a mente disciplinada enxerga a realidade, Winston. Você acha que a realidade é uma coisa objetiva, externa, algo que existe por conta própria. Também acredita que a natureza da realidade é autoevidente. Quando se deixa levar pela ilusão de que vê alguma coisa, supõe que todos os outros veem o mesmo que você. Mas eu lhe garanto, Winston, a realidade não é externa. A realidade existe na mente humana e em nenhum outro lugar. Não na mente individual, que está sujeita a erros e que, de toda maneira, logo perece. A realidade existe apenas na mente do Partido, que é coletiva e imortal. Tudo o que o Partido reconhece como verdade *é* a verdade. É impossível ver a realidade se não for pelos olhos do Partido. É esse o fato que você precisa reaprender,

Winston. E isso exige um ato de autodestruição, um esforço de vontade. Você precisa se humilhar antes de conquistar o equilíbrio mental."

O'Brien fez uma breve pausa, como para permitir que suas palavras fossem devidamente compreendidas.

"Lembra-se", continuou ele, "de ter escrito em seu diário: 'Liberdade é a liberdade de dizer que dois mais dois são quatro'?"

"Lembro", disse Winston.

O'Brien levantou a mão esquerda e mostrou seu dorso para Winston, com o polegar escondido e os outros quatro dedos estendidos.

"Quantos dedos tem aqui, Winston?"

"Quatro."

"E se o Partido disser que não são quatro, mas cinco — quantos dedos serão?"

"Quatro."

A palavra foi concluída com um gemido de dor. O ponteiro do mostrador saltara para cinquenta e cinco. O suor recobrira todo o corpo de Winston. O ar que entrou em seus pulmões saiu sob a forma de grunhidos fundos, que nem trincando os dentes Winston conseguia sufocar. O'Brien observava-o com os quatro dedos ainda estendidos. Puxou a alavanca de volta. Dessa vez, a dor foi apenas levemente mitigada.

"Quantos dedos, Winston?"

"Quatro."

O ponteiro saltou para sessenta.

"Quantos dedos, Winston?"

"Quatro! Quatro! Que mais posso dizer? Quatro!"

O ponteiro provavelmente tornara a subir, porém Winston não olhou para o mostrador. O semblante carregado, severo, e os quatro dedos ocupavam todo o seu campo de visão. Tinha os dedos diante dos olhos, como colunas, enormes, desfocados e dando a impressão de vibrar, mas inequivocamente quatro.

"Quantos dedos, Winston?"

"Quatro! Pare, pare! Como pode continuar com isso? Quatro! Quatro!"

"Quantos dedos, Winston?"

"Cinco! Cinco! Cinco!"

"Não, Winston, assim não. Você está mentindo. Continua achando que são quatro. Quantos dedos?"

"Quatro! Cinco! Quatro! O que você quiser. Apenas pare com isso, pare a dor!"

De repente, viu-se sentando na cama, com o braço de O'Brien em volta de seus ombros. Provavelmente perdera a consciência por alguns segundos. As tiras que prendiam seu corpo à cama foram afrouxadas. Sentia muito frio, tremia de maneira incontrolável, seus dentes batiam, lágrimas deslizavam por suas faces. Por um momento, permaneceu agarrado a O'Brien como um bebê, curiosamente reconfortado pelo braço pesado em torno do ombro. Tinha a sensação de que O'Brien era seu protetor, que a dor era algo que vinha de fora, que sua origem era outra, e que era O'Brien quem o salvaria dela.

"Você aprende devagar, Winston", disse O'Brien gentilmente.

"O que posso fazer?", respondeu Winston entre lágrimas. "Como posso deixar de ver o que tenho diante dos olhos? Dois e dois são quatro."

"Às vezes, Winston. Às vezes são cinco. Às vezes são três. Às vezes são todas essas coisas ao mesmo tempo. Precisa se esforçar mais. Não é fácil adquirir equilíbrio mental."